Todo lo que necesitas saber sobre el vehículo eléctrico

Guía de compra definitiva

Todo lo que necesitas saber sobre el vehículo eléctrico

Guía de compra definitiva

David Vicente Cardós

Título: Todo lo que necesitas saber sobre el vehículo eléctrico — Guía de compra definitiva

1ª edición: 7 de abril de 2021

2ª edición: 28 de julio de 2021

© David Vicente Cardós, 2024

Diseño de portada: Fanny Belda Jorques

Textos revisados y corregidos por el autor.

Exento de depósito legal Ley 30/2011 artículo 5 punto g), publicación bajo demanda.

Impresión y editorial: BoD — Books on Demand

info@bod.com.es - www.bod.com.es

Impreso en Alemania — Printed in Germany

ISBN: 9788411747950

Sistema analógico audiovisual VHS: desde 1976 hasta 2016.

Disco flexible magnético ("diskette"): desde 1971 hasta 2000.

Automóvil con motor de combustión: desde 1886 hasta 2035 (fecha de prohibición de su producción y venta).

Automóvil eléctrico a batería: desde 1832 hasta...

Una tecnología nueva es completamente aceptada y adoptada por los usuarios en el momento en que se normaliza y mejora a la anterior. La movilidad eléctrica está experimentando un crecimiento exponencial. Conocerla y comprenderla es crucial para favorecer su implantación.

ÍNDICE

INTRODUCCIÓN 9

1   ANÁLISIS DEL VEHÍCULO ELÉCTRICO Y SUS BENEFICIOS 13

   1.1   INTRODUCCIÓN: SITUACIÓN ACTUAL DE LA MOVILIDAD Y SUS CONSECUENCIAS 13

   1.2   POR QUÉ COMPRAR UN VEHÍCULO ELÉCTRICO 16

   1.3   CÓMO FUNCIONA UN COCHE ELÉCTRICO 28

   1.4   EL COCHE ELÉCTRICO PARA SUMINISTRAR ENERGÍA A UNA VIVIENDA, LA RED O UN VEHÍCULO 30

   1.5   ¿HÍBRIDO O ELÉCTRICO? 32

   1.6   ¿HIDRÓGENO O ELÉCTRICO? 38

   1.7   ¿GAS O ELÉCTRICO? 40

2   LA CARGA DEL VEHÍCULO ELÉCTRICO 45

   2.1   UNAS NOCIONES PARA EMPEZAR 45

   2.2   CARACTERÍSTICAS Y TIPOS DE CARGA 48

   2.3   VELOCIDAD DE CARGA 51

   2.4   MODOS DE CARGA 54

   2.5   TIPOS DE CONECTORES 59

   2.6   TIPOS DE CARGADORES 74

   2.7   CABLES Y ADAPTADORES 78

   2.8   DÓNDE PUEDES CARGAR 82

   2.9   CUÁNTO CUESTA CARGAR 92

   2.10 CONSEJOS PRÁCTICOS 106

   2.11 PREGUNTAS FRECUENTES 118

3   SELECCIONA TU VEHÍCULO ELÉCTRICO 129

   3.1   ¿DEBO PASARME YA AL VEHÍCULO ELÉCTRICO? 129

   3.2   CARACTERÍSTICAS PRINCIPALES A LA HORA DE ELEGIR UN VEHÍCULO ELÉCTRICO 130

   3.3   HAZ TUS CÁLCULOS 141

   3.4   ELIGE TU COCHE ELÉCTRICO 157

APÉNDICE: AGRADECIMIENTOS Y BIBLIOGRAFÍA 163

ANEXO: CÓDIGOS QR DE PÁGINAS WEB MENCIONADAS 173

INTRODUCCIÓN

Tras varios años dedicados al estudio y aprendizaje del vehículo eléctrico a través de varios cursos especializados, de foros técnicos y siguiendo las publicaciones y noticias relacionadas con la movilidad sostenible, y al observar la gran desinformación que existe en torno a la movilidad eléctrica, decidí plasmar todo lo aprendido en este libro que tienes en tus manos.

El objetivo de esta obra no es otro que abordar de la manera más clara y ordenada posible todos los conceptos que necesitas conocer para comprender el funcionamiento de un vehículo eléctrico, sus diferencias, ventajas e inconvenientes con respecto a un vehículo con motor de combustión, así como los beneficios que aporta para el medio ambiente y nuestra salud (y tu bolsillo).

No he querido dejar de lado aspectos prácticos encaminados a ayudar a *cambiar el chip* en todo lo relativo al uso diario de un vehículo de estas características, para comprender cómo se recarga y, en general, cómo debemos adaptarnos a este tipo de movilidad que ha venido para quedarse.

Este es un libro que puede usarse a modo de guía para la compra de un vehículo eléctrico, pero también para ampliar conocimientos y aprender pequeños trucos y consejos que te ayudarán a sacar el máximo provecho a tu vehículo eléctrico.

Este libro contiene todo lo que necesitas saber sobre el vehículo eléctrico a nivel de usuario, de modo que he evitado, en todo lo posible, el empleo de términos técnicos complejos que hicieran difícil su comprensión y aplicación práctica, eligiendo un lenguaje cercano al lector.

Por tanto, este trabajo no está dirigido a lectores con un perfil técnico, sino más bien a toda aquella persona sin conocimientos previos sobre este tipo de tecnología que quiera manejar la información adecuada a la hora de escoger un vehículo eléctrico y comprender cómo desenvolverse con él a diario.

A lo largo del libro, encontrarás notas a pie de página con aclaraciones y reseñas a las páginas web mencionadas, y que agrupo en un anexo final mediante códigos QR, para que puedas acceder a ellas fácilmente escaneándolos cómodamente con tu dispositivo móvil.

¡Espero que disfrutes y aprendas con su lectura!

PARTE I

ANÁLISIS DEL VEHÍCULO ELÉCTRICO Y SUS BENEFICIOS

1 ANÁLISIS DEL VEHÍCULO ELÉCTRICO Y SUS BENEFICIOS

1.1 Introducción: situación actual de la movilidad y sus consecuencias

El transporte es el sector con más peso en el cómputo global de las emisiones de gases de efecto invernadero (GEI),[1] siendo responsable del 27 % de las emisiones en la Unión Europea (año 2018), según el "Documento Resumen - Gases de Efecto Invernadero",[2] de marzo de 2020.

Dentro del transporte, y según el Parlamento Europeo,[3] el transporte por carretera representa el 72 % de las emisiones totales de CO_2 en la Unión Europea, y dentro del transporte por carretera, los coches y las furgonetas (vehículos ligeros) representan respectivamente el 60,7 % y el 11,9 % de las emisiones de CO_2.

A continuación, puedes ver una infografía comparativa de las emisiones de CO_2 según el medio de transporte durante el año 2016:

---

[1] Gases de efecto invernadero estimados: dióxido de carbono (CO_2), metano (CH_4), óxido nitroso (N_2O) y gases fluorados (PFC, HFC y SF_6). De todos los gases de efecto invernadero, el dióxido de carbono (CO_2) es el más abundante en la atmósfera.

[2] MITECO (Ministerio para la Transición Ecológica y el Reto Demográfico), «Inventario Nacional de Gases de Efecto Invernadero (GEI)», diciembre de 2020, https://www.miteco.gob.es/es/calidad-y-evaluacion-ambiental/temas/sistema-espanol-de-inventario-sei-/Inventario-GEI.aspx.

[3] Parlamento Europeo, «Emisiones de CO_2 de los coches: hechos y cifras (infografía)», 22 de marzo de 2019, actualizado el 18 de abril de 2019, https://www.europarl.europa.eu/news/es/headlines/society/20190313STO31218/emisiones-de-co2-de-los-coches-hechos-y-cifras-infografia.

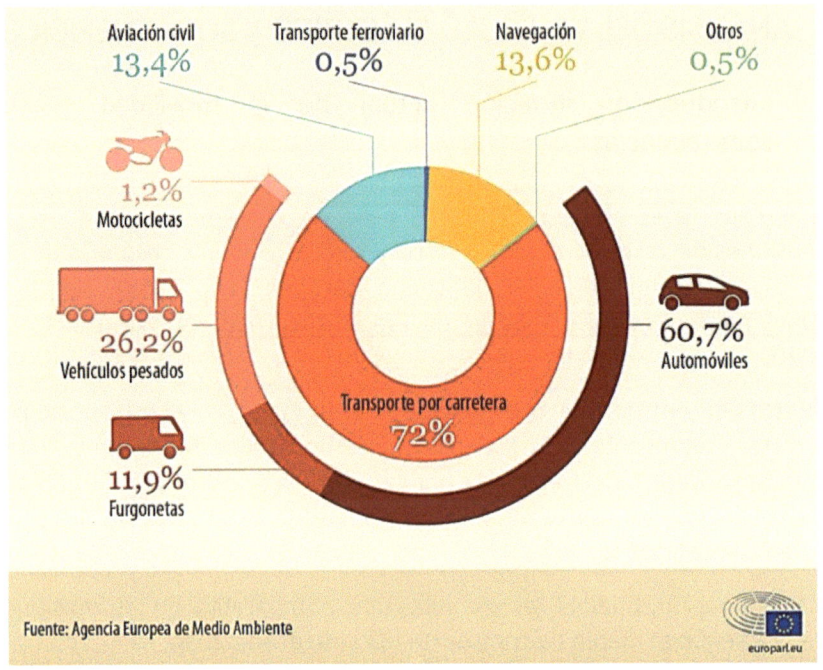

Aviación civil 13,4%
Transporte ferroviario 0,5%
Navegación 13,6%
Otros 0,5%

1,2% Motocicletas

26,2% Vehículos pesados

11,9% Furgonetas

60,7% Automóviles

Transporte por carretera 72%

Fuente: Agencia Europea de Medio Ambiente

europarl.eu

El 51 % de las emisiones de óxidos de nitrógeno (NO$_x$) procede de la circulación de vehículos, así como el 61 % de las partículas PM$_{10}$ y el 55 % de las emisiones PM$_{2,5}$ y de las de monóxido de carbono (CO). Una buena parte de esas emisiones se produce en los lugares en los que vivimos y trabajamos, y **su reducción es susceptible de tener un gran efecto en la calidad de vida de las personas**.

Además, **el sector del transporte es el único que ha aumentado sus emisiones en los últimos años**.

La excesiva contaminación atmosférica es a menudo una consecuencia de políticas que no son sostenibles en sectores como el del transporte, la energía, la gestión de desechos y la industria pesada. En la mayoría de los casos, será también **más económico a largo plazo aplicar estrategias que den prioridad a la salud** debido al ahorro en los costos de la atención sanitaria, además de los beneficios para el clima y el medio ambiente.

Hoy día los científicos consideran que **las partículas en suspensión son el problema de contaminación ambiental más severo**, por sus graves afecciones al tracto respiratorio y al pulmón. Las PM_{10} están detrás de numerosas enfermedades respiratorias, problemas cardiovasculares y cánceres de pulmón. Por otro lado, los estudios sobre efectos a largo plazo han estimado que la exposición a partículas en suspensión puede reducir la esperanza de vida entre varios meses y dos años. Según un estudio de la Comisión Europea, publicado a comienzos de 2005, **la presencia de estas partículas en la atmósfera produce cada año 288 000 muertes prematuras**. Otro estudio de la Organización Mundial de la Salud (OMS) publicado en 2004 afirma que la exposición a las partículas en suspensión es la causa de la **muerte prematura de 13 000 niños de entre uno y cuatro años de edad anualmente**.

Con todo, cada año son **7 millones de muertes debidas a la contaminación atmosférica y 400 000 a causa de las partículas en suspensión** que emiten los vehículos diésel y los vehículos gasolina modernos de inyección directa o sobrealimentados.

Debido a todo ello, **empiezan a haber restricciones a los vehículos diésel y gasolina** (la UE se ha propuesto reducir las emisiones de GDI para 2030 en un 40 % respecto a los generados en 1990), por lo que **van ganando peso e importancia otras formas de movilidad más sostenibles**: los vehículos híbridos, especialmente los de motor de gasolina de inyección indirecta (Toyota y Lexus), algunos modelos de híbridos enchufables y, **en especial, los vehículos eléctricos**, así como también **el transporte público y el transporte unipersonal**, como la bicicleta, el patinete, etc.

Según el IX Estudio "Españoles ante la Nueva Movilidad",[4] un 43 % de los ciudadanos con intención de adquirir un vehículo en el próximo año tienen claro que su futuro coche contará con algún tipo de electrificación (híbrido, un 24 % de los encuestados, e híbridos enchufables y eléctricos puros, un 8 %).

Como dato curioso, hay que añadir que la pandemia por Covid-19 ha provocado cambios importantes en la manera de desplazarse, creciendo

---

[4] Asepa, «Boletines de Noticias de Automoción. Año 2020», diciembre de 2020, http://asepa.es/libreria-publicaciones/noticias/boletin-noticias-anyo-2020.

un 28 % el uso de la bicicleta, un 23 % el uso de la motocicleta y un 9 % el uso del patinete, mientras que cae un 33 % el uso del transporte público.

Se hace por tanto necesario **abogar por soluciones no contaminantes**, y es en el vehículo eléctrico en el que me voy a centrar en esta guía, por su importante papel en nuestra sociedad y en el medio ambiente.

1.2 Por qué comprar un vehículo eléctrico

Si te has planteado adquirir un vehículo eléctrico, ya sea para sustituir o para complementar a tu coche actual, continúa leyendo esta guía y descubrirás las múltiples ventajas que este tipo de vehículos puede ofrecerte.

Beneficios para el medio ambiente

Que un vehículo eléctrico no emite ningún compuesto tóxico durante su utilización es algo incuestionable (salvo el producido por los neumáticos y la fricción entre los discos y pastillas de freno, como en cualquier otro vehículo). Los vehículos que incorporan de manera total o parcial (híbridos) un motor térmico para propulsarse, contaminan el aire de manera directa allí por donde circulan, a diferencia de los vehículos propulsados únicamente por energía eléctrica, cuya contaminación es nula. A lo sumo, **podríamos estar hablando de emisiones indirectas**, asociadas a las plantas de generación eléctricas **basadas en procesos contaminantes**, como la quema de carbón, situadas fuera del núcleo poblacional y, por ende, lejos de donde habitan las personas y se concentra en mayor medida la contaminación.

Otro aspecto a tener en cuenta es que **cada día existe un mayor porcentaje de energía eléctrica limpia procedente exclusivamente de plantas de generación de origen renovable**, como la solar o la eólica, entre otras, con lo que las emisiones vinculadas a los puntos de recarga que usen dicha energía son nulas.

Los vehículos eléctricos no emiten por sí mismos dióxido de carbono (CO_2) a la atmósfera, por lo que con su utilización se contribuye a reducir las emisiones de gases de manera directa frenando de este modo el efecto invernadero.

Si vives en una ciudad, este vehículo aún aporta más ventajas, dado que **se ha demostrado que la mayor parte de los gases que empeoran la calidad del aire en las ciudades proviene del tráfico rodado**, principalmente de los vehículos diésel (por la emisión de partículas finas $PM_{2,5}$ y ultrafinas $PM_{0,1}$, y por la emisión de los óxidos de nitrógeno o NO_x). Por tanto, **el vehículo eléctrico ayuda a mejorar la calidad del aire** que respiramos a diario en una población con vehículos con motor de combustión en circulación.

Si quieres ampliar tus conocimientos en relación con la combustión del carburante diésel, puedes hacerlo a través de un detallado artículo publicado en Wikipedia.[5]

No obstante, no solo los vehículos movidos por combustible diésel están afectados por la problemática de las emisiones de partículas finas $PM_{2,5}$ y ultrafinas $PM_{0,1}$. También hay que mencionar de manera muy especial el problema de las emisiones en los nuevos motores de gasolina de inyección directa turboalimentados, puesto que no están exentos de las emisiones que, hasta no hace mucho, se atribuían en exclusiva a los motores diésel. Y es que, en un intento de aumentar el rendimiento de los motores de gasolina, incrementando la relación de compresión mediante un turbocompresor, se está generando más cantidad de óxido de nitrógeno (NO_x), monóxido de carbono (CO) y partículas finas y ultrafinas (PM_x).

---

[5] Wikipedia, «Humo diésel», s/f, https://es.wikipedia.org/wiki/Humo_diésel.

Recomiendo la lectura de un interesante artículo en relación al problema de las <u>emisiones en los nuevos motores de gasolina</u>[6] y otro sobre las <u>partículas en motores diésel y gasolina.</u>[7]

Pero ¿cómo de limpios son los vehículos eléctricos en realidad? Mucho se habla sobre el impacto que tienen las baterías para el medio ambiente o sobre la contaminación que hay detrás de la carga de un vehículo eléctrico, a menudo con graves manipulaciones escondidas por intereses ocultos que, en realidad, buscan perpetuar el modelo de negocio basado en el petróleo.

Para desmentir todos estos falsos mitos que rodean a la movilidad eléctrica, primero debemos poner en contexto al vehículo eléctrico. Normalmente, cuando se quiere comparar el impacto medioambiental de un vehículo eléctrico frente a otro de combustión, **solo se suele tener en cuenta el proceso de fabricación del eléctrico, pero no el del vehículo de combustión**; es muy habitual que se tenga en cuenta el impacto que conlleva la extracción de los materiales que componen una batería, pero no el del proceso de extracción del petróleo (y su posterior procesado, refinado y transporte hasta las estaciones de servicio). Pero dejemos esto para más tarde.

Si tenemos en cuenta el consumo de energía eléctrica necesario para el funcionamiento de los 435 000 pozos de petróleo que hay solo en Estados Unidos durante un mes, podríamos alimentar unos 15 millones de vehículos eléctricos en el mismo tiempo. Si a esto sumamos las casi 1 470 plataformas petrolíferas que hay en todo el mundo en alta mar, que consumen más de 1 300 millones de kilovatios hora al mes en electricidad, podríamos alimentar un total de 70,3 millones de Tesla Model 3 durante

---

[6] La mirada del mendigo, «El problema de las emisiones en los nuevos motores de gasolina», 28 de noviembre de 2019, https://esmola.wordpress.com/2019/11/28/el-problema-de-las-emisiones-en-los-nuevos-motores-de-gasolina.

[7] La mirada del mendigo, «Contaminación por partículas en motores Diesel y gasolina», 4 de septiembre de 2017, https://esmola.wordpress.com/2017/09/04/contaminacion-por-particulas-en-motores-diesel-y-gasolina.

un mes. (Fuente: vídeo creado por "GasTroll" en su canal de YouTube[8] con la ayuda del equipo de "Fully Charged Show" y publicado en español en el canal de Saúl López,[9] editado por Lars de "Todos Eléctricos").

Asimismo, se tiende a olvidar, en general, que **todos los dispositivos electrónicos domésticos**, tales como teléfonos móviles, *tablets*, juguetes, ordenadores, etc., **también tienen asociadas unas emisiones derivadas de su fabricación, uso y reciclaje**. Poner todo esto en contexto nos lleva a la siguiente ilustración, la cual invita a la reflexión:

En la imagen puedes observar una serie de acciones y el ahorro anual de emisiones que conllevan. Partiendo de la premisa de que la solución

---

[8] Canal de YouTube "GasTroll", «EV or Gas, What Pollutes More?», 25 de febrero de 2021, https://www.youtube.com/watch?v=1oVrIHcdxjA.

[9] Canal de YouTube de Saúl López, «Coche eléctrico VS gasolina/diésel: ¿quién contamina más?», 1 de marzo de 2021, https://www.youtube.com/watch?v=lVWcAtAxDP0&list=PLgELqHO8v6meWePjjujVrNGWMw_bYq4Ha&index=47.

perfecta no existe, **debemos asumir que cualquier acción lleva asociada un impacto en el medio ambiente**, y por tanto va a ser el conjunto de decisiones que tomemos de manera responsable lo que disminuya nuestra huella de carbono total. Como se aprecia en la ilustración, cambiar un coche convencional por un híbrido, implica ahorrar media tonelada de CO_2 cada año; si es eléctrico o si se comparte coche, algo más de una tonelada de CO_2 al año (más del doble); pero si se decide vivir sin coche, el ahorro es de casi dos toneladas y media de CO_2 cada año.

Puedes consultar el <u>artículo original</u>[10] de donde he obtenido la ilustración anterior.

Para valorar el impacto real que tienen los vehículos eléctricos en cuanto a sus emisiones asociadas, basaré mis argumentos en un estudio independiente, fiable, objetivo y perfectamente contrastado por expertos, realizado por la Federación Europea de Transporte y Medio Ambiente (*Transport & Environment*, o *T&E*), denominado *"How clean are electric cars?"*, y que conocí a través de un <u>vídeo de Saúl López, publicado en su canal de YouTube</u>.[11] Podéis <u>consultar el estudio en inglés a través del sitio web oficial</u>.[12] En él se llega a conclusiones tan contundentes como que **los vehículos eléctricos en Europa emiten, en promedio, casi 3 veces menos CO_2 que los automóviles con motor de gasolina o diésel equivalentes.**

Así, en el peor de los escenarios posibles, un automóvil eléctrico que tenga una batería fabricada en China y que circule en Polonia, el país que más carbón quema para producir electricidad, emite un 22 % menos de CO_2 que un automóvil diésel y un 28 % menos que un automóvil con motor de gasolina. En el caso contrario tenemos al vehículo eléctrico con una

---

[10] El País, «Hazte vegetariano, deja el coche y ten menos hijos si quieres luchar contra el cambio climático», 12 de julio de 2017, https://elpais.com/elpais/2017/07/11/ciencia/1499785338_169682.

[11] Canal de Saúl López en YouTube, «Eléctrico VS gasolina VS diésel: la batalla del CO2», 21 de abril de 2020, https://www.youtube.com/watch?v=D3zl4YzNrbg&app=desktop.

[12] Transport & Environment, «*How clean are electric cars?*», 20 de abril de 2020, https://www.transportenvironment.org/news/how-clean-are-electric-cars.

batería fabricada en Suecia y usado en Suecia, que puede emitir hasta un 80 % menos de CO_2 que el vehículo diésel y un 81 % menos que el vehículo con motor de gasolina.

Puedes probar por tu cuenta la herramienta de cálculo que ha desarrollado *T&E* a través del enlace anterior que lleva a su estudio. Vamos a simular aquí una comparativa entre un vehículo eléctrico y un vehículo diésel considerando que ambos vehículos se usarán en España.

En primer lugar, se debe seleccionar **cuándo** se realiza la comparativa: en el año 2022 (con la tecnología actual) o en el año 2030 (cuando las energías renovables tendrán una mayor presencia en la distribución eléctrica). **He seleccionado la opción "2022".**

En segundo lugar, nos pide que seleccionemos qué **tipo de vehículo** vamos a comparar: "*Small car*" (coche de tamaño pequeño; por ejemplo, Renault Clio), "*Medium car*" (coche de tamaño mediano; por ejemplo, Volkswagen Golf o similar), "*Large car*" (coche de tamaño grande; por ejemplo, BMW Series 3), "*Executive car*" (coche de ejecutivo o gama alta; por ejemplo, Mercedes Classe E), y por último "*High mileage car*" (coche que recorre muchos kilómetros; como por ejemplo, vehículos de Uber, taxis, de comerciales, etc.). **He seleccionado en este caso la opción *"Medium car"*.**

En cuanto a los vehículos, por una parte, tenemos que escoger el **tipo de tecnología** a comparar: "*Electric*" (eléctrico), "*Diesel*" (combustible gasoil) y "*Petrol*" (combustible gasolina). **"*Electric*"** ya viene preseleccionado, por lo que yo he seleccionado **"*Diesel*"** como segunda opción a comparar.

Para el vehículo eléctrico, se puede seleccionar el **origen de la electricidad usada para la fabricación de las baterías**: "*EU average*" (media de las emisiones de la Unión Europea), "*EU low carbon*" (países de la UE que menos carbón queman para producir electricidad), "*EU high carbon*" (países de la UE que más carbón queman para producir electricidad) y "*China*" (media de las emisiones de China). **Yo he seleccionado la opción *"China"*.**

La otra opción para el vehículo eléctrico es el país por dónde circulará y, por tanto, **dónde se cargará la batería**, donde se nos muestran todos los países de la UE, la media de la UE ("*EU27*") y países donde la generación de electricidad sea a partir de la energía solar fotovoltaica ("*Solar PV*"). **Yo he seleccionado la opción "*Spain*".**

Las emisiones de CO_2 por kilómetro recorrido para estos dos vehículos, se muestran en la tabla siguiente:

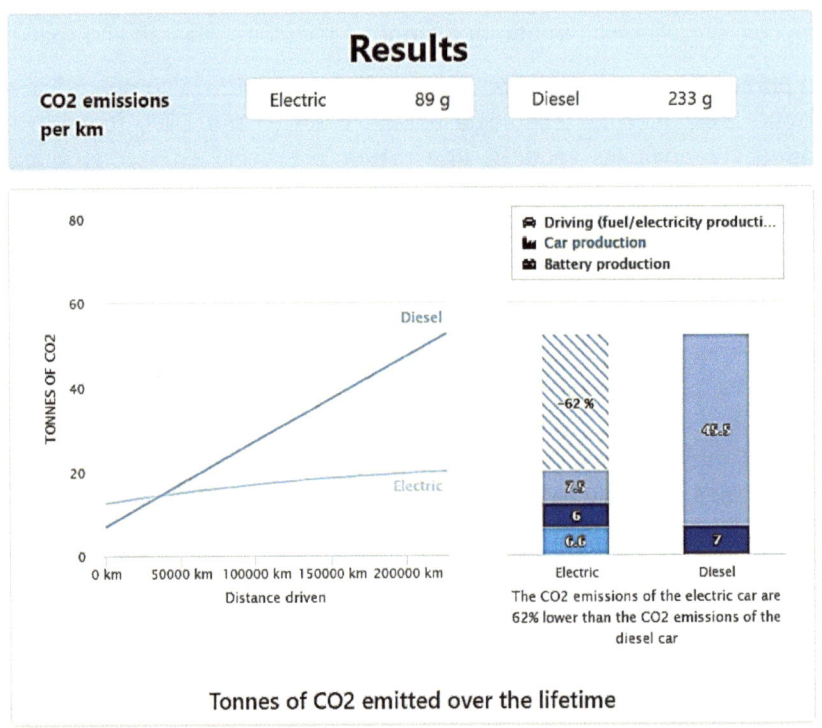

Tonnes of CO2 emitted over the lifetime

Los resultados hablan por sí solos: **el vehículo diésel emite 2,6 veces más de CO_2 a la atmósfera que el vehículo eléctrico** (teniendo en cuenta la extracción, el transporte y el procesado de las materias primas necesarias para la fabricación, el proceso de fabricación en sí y su uso durante 225 000 km).

Vamos a analizar las gráficas detenidamente:

- **Se emiten 6,6 toneladas de CO_2 a la atmósfera en el proceso de fabricación de la batería del vehículo eléctrico** (en nuestro caso hemos considerado que es en China, y por tanto se han tenido en cuenta las emisiones típicas de aquel país en el proceso industrial). Como referencia, un vuelo de Múnich a Nueva York emite aproximadamente 4,1 toneladas de CO_2.

- Se emiten 6 toneladas de CO_2 a la atmósfera en el proceso de fabricación del vehículo eléctrico (no se especifica dónde ha sido fabricado).

- Se emiten 7 toneladas de CO_2 a la atmósfera en el proceso de fabricación del vehículo diésel (una tonelada más que en el vehículo eléctrico, debido fundamentalmente a la mayor cantidad de piezas que lo forman).

- Antes de circular ni un solo kilómetro, para fabricar el vehículo eléctrico ya se han emitido 12,6 toneladas de CO_2 a la atmósfera en total, un 55,5 % más que en el vehículo diésel equivalente del ejemplo.

- A los 36 258 kilómetros recorridos, los dos vehículos han emitido la misma cantidad de CO_2 a la atmósfera (14,3 toneladas), y por tanto se ha alcanzado el punto de inflexión que indica que se han amortizado las emisiones de más del vehículo eléctrico en el proceso de fabricación. A partir de este momento el vehículo eléctrico ya es más limpio que el vehículo diésel en términos absolutos.

- Se emiten 7,5 toneladas de CO_2 a la atmósfera tras haber recorrido 225 000 km con el vehículo eléctrico, que corresponden al proceso de generación de la energía eléctrica necesaria para recargar la batería en España, que es el país que hemos seleccionado.

- Para recorrer esos 225 000 km con el vehículo eléctrico, se emiten en total 20,1 toneladas de CO_2 a la atmósfera (teniendo en cuenta el proceso de fabricación de la batería, el proceso de fabricación del vehículo y las recargas de la batería).

- En el vehículo diésel se emiten 45,5 toneladas de CO_2 a la atmósfera tras haber recorrido los 225 000 km, que corresponden a los gases de combustión del gasoil.

- **Para recorrer esos 225 000 km con el vehículo diésel, se emiten en total 52,5 toneladas de CO_2 a la atmósfera** (teniendo en cuenta el proceso de fabricación del vehículo y los gases de combustión), 32,5 toneladas más que en el vehículo eléctrico (**un 62 % más**).

Los vehículos con motor de combustión cada año consumen y contaminan más debido a la pérdida de rendimiento. Por el contrario, **los vehículos eléctricos cada vez tienen un menor impacto medioambiental**, ya que su rendimiento es el mismo y las energías renovables van aumentando su presencia dentro de la producción mundial de energía.

Volviendo a los materiales empleados en la fabricación de las baterías y su extracción y lugar de procedencia, así como al consumo de agua que todo el proceso implica, mucho se ha escrito sin haber tenido en cuenta, demasiadas veces, que **el consumo de hidrocarburos y materias primas asociado a los vehículos con motor de combustión es muy superior al correspondiente a los vehículos eléctricos.**

Bien es cierto que, en muchas ocasiones, el proceso de extracción y tratamiento del cobalto y otras tierras raras lleva asociado un impacto medioambiental y la realización de trabajos en condiciones poco seguras que conlleva explotación infantil en países como la República Democrática del Congo (África). Los fabricantes de baterías y de vehículos eléctricos implementan avances tecnológicos con el fin de reducir la presencia de estos materiales, tanto en motores eléctricos como en baterías. Este artículo publicado por **Gonzalo García** en Hibridosyelectricos.com,[13] arroja mucha información digna de tener en consideración.

Para ampliar información sobre este tema tan importante, recomiendo una interesante publicación de la Federación Europea de Transporte y

---

[13] Hibridosyelectricos.com, «Baterías sin cobalto y níquel: ¿por qué da Tesla un paso atrás en la tecnología?», 19 de febrero de 2020, https://www.hibridosyelectricos.com/articulo/tecnologia/baterias-cobalto-niquel-da-tesla-paso-atras-tecnologia/20200219122615033274.html.

Medio Ambiente (*Transport & Environment*) acerca del consumo de materias primas asociado a las baterías para vehículos eléctricos.[14]

Ahorro económico

Actualmente, cargar un vehículo eléctrico es mucho más económico que repostar un coche de combustión. Si hablamos de cifras, **hacer 100 km con un coche eléctrico puede costar alrededor de 1,5 €** (en función de la tarifa eléctrica contratada y del momento en el que realicemos la recarga), mientras que el combustible necesario para recorrer esos 100 km **en un coche convencional puede rondar los 6 €** (dependiendo del consumo del vehículo y el precio del carburante). Es decir, **circular con un vehículo eléctrico puede llegar a costar 3 veces menos**.

Consulta la sección 2.9 Cuánto cuesta cargar para más información.

Además, **el coste del mantenimiento de un vehículo eléctrico es 3 veces menor que el de uno con motor de combustión**. Un automóvil convencional tiene alrededor de 30 000 piezas, y uno eléctrico alrededor de un 60 % menos. La mayoría pertenecen al motor, y por ello un motor eléctrico es menos susceptible de sufrir averías y apenas requiere de mantenimiento.

Otros elementos presentes en un coche con motor de combustión, como caja de cambios, embrague, transmisión, bujías, tubo de escape, catalizador, depósito de combustible y bomba de inyección, entre otros, necesitan de un plan de mantenimiento, en muchos casos sustituyendo piezas o lubricantes.

---

[14] Transport & Environment, «El consumo de materias primas asociado a las baterías para coches eléctricos es mucho menor que el de los coches que funcionan con combustibles fósiles», 1 de marzo de 2021, https://www.transportenvironment.org/press/el-consumo-de-materias-primas-asociado-las-bater%C3%ADas-para-coches-el%C3%A9ctricos-es-mucho-menor-que.

Solo elementos como las escobillas del limpiaparabrisas, los neumáticos, la batería de 12 V o las suspensiones están sujetos a un desgaste similar al de los coches con motor de combustión.

A través de la aplicación web de Volkswagen[15] se puede realizar una comparativa del mantenimiento de un coche eléctrico frente a uno con motor de combustión.

A continuación podrás ver un resumen de los costes de mantenimiento para 3 coches que realicen **20 000 kilómetros anuales durante 12 años**:

- **Volkswagen e-Golf**: 1 289 euros en total, 107 euros anuales o 9 euros mensuales.
- **Volkswagen Golf gasolina**: 3 959 euros en total, 330 euros anuales o 27 euros mensuales.
- **Volkswagen Golf diésel**: 3 749 euros en total, 312 euros anuales o 26 euros mensuales.

De esta forma, **el coche eléctrico supone un ahorro en mantenimiento de 223 euros anuales** (18 mensuales) respecto al gasolina y 205 euros anuales (17 mensuales) respecto al vehículo diésel.

Este ahorro puede verse incrementado en muchas ciudades de nuestro país, puesto que ofrecen ventajas como poder circular por el carril bus-vao o aparcar gratis en zonas de pago regulado como la "zona azul". Por otra parte, aunque este apartado depende de los ayuntamientos, cada vez hay más municipios que ofrecen reducciones en los impuestos que pagan estos vehículos.

Teniendo en cuenta lo descrito en el párrafo anterior, el ahorro indirecto relacionado con los beneficios citados puede suponer una cantidad bastante considerable si eres de las personas que pasa la mayor parte de su tiempo en la ciudad.

---

[15] Volkswagen, «Calcula el mantenimiento de tu Volkswagen», s/f, https://calculatumantenimiento.volkswagen.es.

Por otra parte, existe también otra posibilidad por la que se puede ahorrar dinero con un vehículo eléctrico, y es suministrando energía a una vivienda o red de suministro eléctrico. Puedes consultar el apartado 1.4 El coche eléctrico para suministrar energía a una vivienda, la red o un vehículo para conocer todos los detalles.

Diversión y confort al volante

Aunque puedas pensar que conducir un coche eléctrico es aburrido, este pensamiento dista bastante de la realidad, ya que los coches eléctricos tienen una particularidad que no poseen los de motor de combustión, y es que ofrecen el par máximo desde parado y en prácticamente todo el rango de revoluciones. Gracias a esto, podrás sentir una gran sensación de aceleración desde el mismo momento en que inicies la marcha. Si pruebas uno, sin duda te enganchará, ya que son silenciosos, ágiles en respuesta y muy agradables y cómodos de conducir.

Todas estas características hacen que sean vehículos especialmente adecuados para su utilización en ciudad.

Nuevos modelos y redes de recarga

Con los nuevos modelos que ya existen en el mercado y los que saldrán próximamente (con autonomías de más de 300 km), el uso del coche eléctrico ya no está limitado solo a desplazamientos diarios y urbanos, sino que con una mínima planificación del viaje (buscando zonas donde cargar) ya es posible afrontar trayectos largos.

Aunque hoy en día la red de recarga presente en España no es todo lo extensa que nos gustaría, se encuentra en continua ampliación, permitiendo cubrir distancias cada vez mayores. A pesar de que existen todavía algunas zonas a las que no sería posible viajar en coche eléctrico (dependiendo del origen del viaje), los núcleos urbanos más poblados ya disponen de puntos de recarga y la conexión entre los mismos ya es una realidad en la mayoría de los casos.

A lo anterior habría que añadir que van surgiendo nuevos proyectos que hacen crecer la infraestructura de recarga (Zunder, Ionity, Iberdrola, Endesa X, etc.) y facilitan la comunicación entre las diferentes regiones de España, con lo que en un futuro no muy lejano ya no tendremos que preocuparnos a la hora de emprender un largo viaje con un vehículo eléctrico.

1.3 Cómo funciona un coche eléctrico

Simplicidad y eficiencia están detrás del vehículo eléctrico. No solo por el reducido número de piezas que lo forman, sino por el excelente rendimiento que tiene su motor, del orden del 90 % (frente al 40 % que tiene en el mejor de los casos el motor de combustión interna). Esto es así en parte porque en un motor eléctrico no existen piezas en rozamiento, además de que el motor de combustión pierde una gran parte de la energía generada en forma de calor.

Básicamente, un vehículo eléctrico está formado por **uno o varios motores eléctricos** (que pueden ir montados en el eje o directamente en las ruedas), **la batería** (principalmente de iones de litio, aunque también se emplean de litio-ferrofosfato o batería LFP, y, en los próximos años, de electrólito sólido), **el inversor**, **el puerto de carga** (donde se conecta el cable para recargar la batería) **y el cargador de a bordo** (o adaptador de corriente que lleva integrado el vehículo).

Además, existe **una batería auxiliar de 12 V** (que alimenta los accesorios del vehículo, como el ventilador), **el conversor** (que transforma la corriente de alta tensión a baja tensión para alimentar la batería auxiliar de 12 V), **la unidad de control electrónica (ECU)**, todo el cableado y los elementos comunes como ruedas, sistema de frenos, etc.

La energía eléctrica debe ser correctamente gestionada y tratada en cada uno de los procesos que se dan, y el coche es el que determina en cada momento a qué potencia debe cargar, cuándo debe detener la carga, etc. Para ello, se debe comunicar en todo momento con el punto de carga, que entregará la energía eléctrica a demanda del vehículo eléctrico y en función también del consumo que haya en la red para no sobrepasar la potencia contratada disponible, coordinándose con el punto de carga.

Pero para entender mejor cómo funciona cada componente en un vehículo eléctrico, vamos a analizarlo en su conjunto desde la perspectiva del usuario. El primer elemento en entrar en escena sería la batería, que es la encargada de almacenar la energía que se va a destinar a mover el vehículo (lo que vendría a ser el depósito de combustible en un vehículo tradicional). Este "depósito" almacena energía eléctrica a través del puerto de carga.

La energía de suministro puede provenir de muchas fuentes distintas: de la red doméstica de una vivienda, de una instalación industrial, de fuentes renovables, de un generador auxiliar, etc., y como la energía puede provenir de fuentes no contaminantes, el impacto medio ambiental en términos de uso será nulo. Por tanto, no contamina, no emite ningún gas de efecto invernadero ni nocivo para la salud allá por donde se circula. Además, esta energía puede tomarse directamente de un enchufe de casa, por lo que el proceso de carga será mucho más cómodo que repostar un vehículo térmico, a la vez que extremadamente económico al existir tarifas específicas a precios muy reducidos.

Pero como la energía eléctrica que se almacena en la batería debe estar en corriente continua y a una tensión de alrededor de 400 voltios, debe *adaptarse* antes de ser almacenada. La electricidad disponible en la red de suministro está en corriente alterna y a una tensión de 230 V en instalaciones monofásicas (o 400 V en instalaciones trifásicas), así que es necesario transformar esa corriente alterna en corriente continua para poder almacenarla en la batería.

Todas estas funciones las lleva a cabo **el cargador de a bordo o adaptador de corriente (OBC, de sus siglas en inglés),** que no hay que confundir con el cargador portátil que se entrega al comprar el coche para cargarlo en una toma de corriente doméstica. Mientras que el adaptador de corriente (OBC) *adapta* la potencia de carga y la tensión eléctrica para alimentar a la batería en corriente continua, el cargador portátil únicamente permite seleccionar la potencia de carga y protege al vehículo frente a sobretensiones o fallos, pero después el adaptador de corriente la debe transformar en corriente continua.

De la misma manera, un cargador fijo instalado en una pared (o *wallbox*) viene a ser un dispositivo electrónico que gobierna un *interruptor* y ofrece protección frente a fallos eléctricos, al agua y al polvo.

Un ejemplo de adaptador de corriente es el cargador de un teléfono móvil, aunque en este caso es externo y en un vehículo eléctrico va alojado en su interior. En el caso de las estaciones de carga rápida, que funcionan en corriente continua a altas potencias, el adaptador de corriente está integrado en la estación de carga, ya que ocupa y pesa mucho y encarecería el precio del coche. En estas situaciones la energía eléctrica es conducida directamente a la batería sin pasar por el cargador de a bordo.

El **inversor** es el componente que se encarga de extraer energía de las baterías y proporcionársela al motor, según la posición del pedal del acelerador, así como de adaptar el voltaje y de transformar la corriente continua de la batería en corriente alterna para alimentar al motor eléctrico. También es el encargado de recuperar energía del motor, generada mediante la frenada regenerativa y almacenarla en la batería.

En las siguientes secciones veremos en profundidad todos los aspectos relativos al uso del vehículo eléctrico.

1.4 El coche eléctrico para suministrar energía a una vivienda, la red o un vehículo

Es posible emplear un coche eléctrico para suministrar energía eléctrica a una vivienda para situaciones de emergencia, para ahorrar en el consumo eléctrico o para ayudar a gestionar el balance energético cuando se usen sistemas de producción de energía renovable (solar, minieólica, etc.). Para ello, es necesario que el vehículo disponga de un cargador integrado bidireccional.

Usar el coche eléctrico como un generador de energía es una buena alternativa que ya se ha puesto a prueba por algunas empresas y organismos. En España, el ayuntamiento de Santa Perpètua de la Mogoda instaló el <u>primer punto público con tecnología V2G</u>,[16] que permite, además de cargar vehículos eléctricos, utilizar la energía eléctrica almacenada en la batería del coche para alimentar un edificio próximo.

El funcionamiento es bastante sencillo: se conecta el coche al punto de carga bidireccional encargado de gestionar la energía almacenada en su batería con el fin de que fluya hacia la vivienda (V2H, *vehicle to home*) o hacia la red eléctrica (V2G, *vehicle to grid*).

En el caso de V2H, al llegar a casa conectamos el coche al punto de carga bidireccional, y, si tenemos suficiente energía, en la batería del coche y no estamos en el periodo valle o supervalle (el cual se aprovecha para cargar la batería del coche a muy bajo coste), podemos alimentar eléctricamente la vivienda a partir de la energía almacenada en la misma, ahorrando dinero en la factura eléctrica. Esto puede programarse para que el coche nunca baje de cierto nivel de carga.

Cuando se llega al periodo valle o supervalle, el punto de carga bidireccional cambia el sentido de la corriente eléctrica y carga la batería del coche según lo programemos.

En la tecnología V2H es necesario disponer de un punto de carga bidireccional, ya que el vehículo no lleva incorporado el inversor y la energía eléctrica sale de la batería directamente en corriente continua.

Contrariamente, en la tecnología V2L (*vehicle to load*, que permite cargar otros vehículos eléctricos o alimentar dispositivos electrónicos) el vehículo sí que lleva incorporado el inversor, por lo que puede entregar corriente alterna a una potencia de hasta 3,7 kW.

Para la tecnología V2G, el uso de múltiples vehículos eléctricos conectados a la red de suministro permite amortiguar los picos de consumo (cuando la red toma la energía de los vehículos conectados) o almacenar el

---

[16] El periódico de la energía, «El V2G llega a España: la primera estación se instala en Cataluña de la mano de la portuguesa Magnum Cap», 16 de enero de 2019, https://elperiodicodelaenergia.com/el-v2g-llega-a-espana-la-primera-estacion-se-instala-en-cataluna-de-la-mano-de-la-portuguesa-magnum-cap.

excedente de energía producido por fuentes renovables en los momentos de menor consumo (cuando la red alimenta al vehículo).

Algunos fabricantes de vehículos eléctricos, como Nissan, Honda, Renault y Hyundai, han llevado a cabo diversas pruebas experimentales de este sistema de carga bidireccional. Actualmente, **son varios los fabricantes que comercializan vehículos eléctricos con la tecnología V2H o V2L, como Hyundai, Nissan, Renault, etc.** Según un estudio llevado a cabo por Nissan,[17] los sistemas V2G pueden proporcionar hasta 1 300 € al año a los propietarios de un coche eléctrico.

Por otra parte, recientemente se ha podido saber que Tesla ya dispone de la tecnología V2G implementada en sus propios cargadores de a bordo,[18] por lo que no necesita usar un cargador bidireccional (el propio vehículo ya incorpora la función de convertir la corriente continua de la batería en corriente alterna de la red), reduciendo en gran medida la inversión necesaria para poder disfrutar de esta tecnología en casa.

1.5 ¿Híbrido o eléctrico?

Un vehículo híbrido es aquel que combina más de un sistema de propulsión distinto, habitualmente un motor de gasolina con uno o varios motores eléctricos, aunque en menor medida también existen híbridos que albergan un motor diésel. **Su denominación genérica es "vehículo híbrido eléctrico" (o HEV, de las siglas en inglés de *Hybrid Electric Vehicle*).**

Los vehículos híbridos nacieron con la finalidad de mejorar el rendimiento y reducir las emisiones de los vehíclos con motor de combustión, pero sin las limitaciones que actualmente tienen los vehículos 100 % eléctricos,

---

[17] Forococheseléctricos, «Según Nissan, los sistemas V2G proporcionan hasta 1 300 euros al año a los propietarios de un coche eléctrico», 11 de agosto de 2017, https://forocochoselectricos.com/2017/08/segun-nissan-v2g-1300-euros-al-ano.

[18] Electrek, «*Tesla quietly adds bidirectional charging capability for game-changing new features [Updated]*», 19 de mayo de 2020, https://electrek.co/2020/05/19/tesla-bidirectional-charging-ready-game-changing-features.

que principalmente son tres: menor autonomía, tiempos de recarga más elevados y menor número de puntos de recarga. **Heredan por tanto lo mejor (y lo peor) de ambas tecnologías**; y es que, aunque el rendimiento de un vehículo híbrido es mejor que el de un vehículo de combustión estándar equivalente, no logra igualar ni de lejos al del vehículo eléctrico puro.

Por una parte, tenemos dos tipos de híbridos: los **híbridos convencionales (HEV), que no son enchufables** y solo pueden recargar la batería mediante la frenada regenerativa y el motor de combustión, **y los híbridos enchufables (o PHEV, de las siglas en inglés de** *Plug-in Hybrid Electric Vehicle*), que sí pueden cargar la batería enchufándolos a la red eléctrica (además de poder recargarla también mediante la frenada regenerativa y el motor de combustión como los HEV).

Por otra parte, **también podemos clasificar a los híbridos según la manera en que se combinan entre sí todos los motores**: híbridos en serie, híbridos en paralelo e híbridos en serie-paralelo.

Los híbridos en serie, también conocidos como "vehículos eléctricos de autonomía extendida" (o EREV, de las siglas en inglés de *Extended Range Electric Vehicle*), son movidos exclusivamente por el sistema de propulsión eléctrico**, destinándose el motor de combustión únicamente para recargar la batería cuando esta se agota o está a punto de hacerlo. **Los híbridos en serie son todos enchufables, y son los híbridos más electrificados de todos.** Ejemplos de híbridos en serie: **Opel Ampera, Chevrolet Volt, BMW i3 REX**. Son los híbridos que mayor rendimiento tienen cuando son recargados asiduamente (si se agota la batería y no se recargan, el consumo de combustible y por tanto las emisiones son mayores que las de un híbrido convencional o un vehículo de combustión equivalente, debido al mayor peso generado por las baterías y todo el sistema híbrido).

Actualmente, muchos modelos disfrutan de la etiqueta "ECO" de la Dirección General de Tráfico, e incluso de la etiqueta "0 emisiones" (si homologan más de 40 kilómetros en modo 100 % eléctrico), a pesar de que al funcionar con el motor de combustión se emiten gases contaminantes.

Además, muchas veces son vehículos de altas prestaciones y con unos consumos y niveles de emisiones mucho mayores que las que homologa el fabricante y mayores también que las de los vehículos de combustión de pequeña cilindrada, que no pueden acceder al centro de muchas ciudades europeas.

Un exhaustivo estudio de tres modelos híbridos enchufables,[19] encargado por la Federación Europea de Transporte y Medio Ambiente (*Transport & Environment*) al organismo *Emissions Analytics*, pone de manifiesto que **el nivel de emisiones de estos vehículos puede llegar a triplicar los valores homologados por los fabricantes.**

Los híbridos en paralelo son los llamados "híbridos suaves" (o MHEV, de las siglas en inglés de *Mild Hybrid Electric Vehicle*), también conocidos como "semihíbridos" o "híbridos ligeros", y tienen un pequeño motor eléctrico que únicamente ayuda al motor de combustión a realizar el trabajo de tracción y en la frenada regenerativa. **Los híbridos en paralelo nunca son enchufables y son los menos eficientes de todos.** A fecha de hoy disfrutan de la etiqueta "ECO" de la Dirección General de Tráfico, aunque, al igual que ocurre con los híbridos enchufables, algunos modelos llegan a contaminar más que otros vehículos de combustión de baja cilindrada y potencia. Ejemplos de híbridos en paralelo: toda la **primera generación de híbridos de Honda,** todos los actuales híbridos suaves de 48 voltios como el **Hyundai Tucson,** el **Range Rover Sport,** etc.

Los híbridos en serie-paralelo combinan los dos sistemas anteriores, pudiendo funcionar en serie, en paralelo o una combinación de ambos (serie-paralelo). **Pueden ser enchufables** (como por ejemplo el **Toyota Prius Plug-in** o el **Hyundai Ioniq Plug-in) o no enchufables** (toda la gama de híbridos de Toyota y Lexus, el **Hyundai Ioniq Hybrid,** el **Kia Niro Hybrid,** etc.).

Entonces, ¿qué sistema de propulsión contamina más? Bien, según un informe de la Federación Europea de Transporte y Medio Ambiente

---

[19] Transport & Environment, «*Plug-in hybrids: Is Europe heading for a new Dieselgate?*», 22 de noviembre de 2020, https://www.transportenvironment.org/publications/plug-hybrids-europe-heading-new-dieselgate.

(*Transport & Environment*),[20] un coche diésel contribuye más al cambio climático que un vehículo de gasolina debido a sus emisiones de dióxido de carbono (CO_2).

Según un estudio del Consejo Internacional del Transporte Limpio (ICCT), los coches de gasolina emiten más por kilómetro recorrido, ya que al medir las emisiones del ciclo de vida completo se tienen en cuenta más factores que las emisiones por kilómetro recorrido, como hemos visto en la sección 1.2 Por qué comprar un vehículo eléctrico.

Los vehículos híbridos, por su parte, **emiten menos dióxido de carbono por kilómetro recorrido que los vehículos diésel y gasolina**, ya que al utilizar electricidad para desplazarse el consumo en combustible es menor (el motor de combustión de los híbridos de Toyota-Lexus, por ejemplo, puede llegar a estar parado más del 50 % del tiempo en determinadas situaciones). Esto acaba compensando la mayor contaminación en el proceso de fabricación con respecto a los vehículos de combustión convencionales.

Todo esto se ilustra en la siguiente gráfica, elaborada por el Consejo Internacional del Transporte Limpio (ICCT):

---

[20] Transport & Environment, «*Diesel: the true (dirty) story*», 18 de septiembre de 2017, https://www.transportenvironment.org/publications/diesel-true-dirty-story.

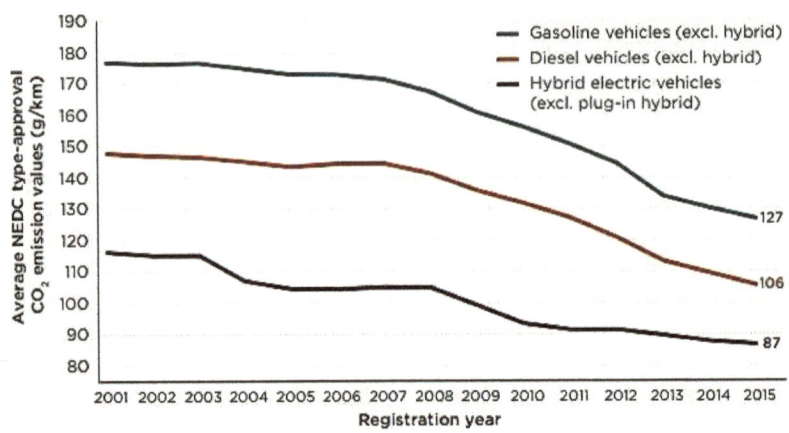

La gráfica, recogida en el sitio web Maldita.es,[21] está basada en vehículos equivalentes, puesto que, como comentaba en la sección 1.2 Por qué comprar un vehículo eléctrico, existen híbridos equipados con motores térmicos de altas prestaciones, elevada cilindrada y equipados con turbocompresor e inyección directa, cuyas emisiones son muy superiores a pequeños utilitarios de bajas prestaciones y, por tanto, de menores emisiones.

En este sentido, **el mejor motor de combustión empleado en un híbrido** (en cuanto a su elevado rendimiento y a sus bajas emisiones) **es el motor VTTI 1.8 de la gama híbrida de Toyota, el único que es de inyección indirecta y que no tiene turbocompresor; funciona además mediante el ciclo Atkinson** (como los modelos híbridos del grupo Kia-Hyundai), y no mediante el ciclo Otto, de mayor potencia específica pero menos eficiente y más contaminante. **Por tanto, se pueden considerar a los vehículos híbridos de Toyota como los más eficientes y ecológicos de todos.**

---

[21] Maldita.es, «¿El diésel contamina más que la gasolina? Sí y contribuye más al calentamiento global», 10 de febrero de 2020, https://maldita.es/malditaciencia/2020/02/10/el-diesel-contamina-mas-que-la-gasolina-si-y-contribuye-mas-al-calentamiento-global-2.

Recomiendo encarecidamente la lectura de un interesante artículo acerca de las <u>emisiones contaminantes de los vehículos diésel en comparación con las de los híbridos</u>.[22]

En los híbridos del grupo Toyota-Lexus, debido a que no se emplean elementos como las correas del motor, caja de cambios ni embrague, así como a que los frenos se usan mucho menos que en un vehículo convencional, **se abarata en costes de mantenimiento**, desechándose menos piezas y por tanto **reduciéndose emisiones y residuos contaminantes**.

Una última reflexión acerca de los vehículos híbridos: los híbridos convencionales (no enchufables) están equipados con baterías mucho más pequeñas que las de los híbridos enchufables, por lo que, además de reducir el coste de adquisición (son más baratos), pesan menos y por tanto consumen (y contaminan) menos en un uso combinado del sistema híbrido.

Un híbrido enchufable es realmente eficiente si se puede enchufar en casa o en el trabajo, donde podrá recargar por completo su pequeña batería **y permitirá una conducción completamente eléctrica**. Si no es así, no compensa su compra por el elevado coste de adquisición y porque las recargas son lentas y no permiten viajar aprovechando toda su capacidad. Suelen cargar a una potencia de 3,7 kW en corriente alterna monofásica, por lo que para llegar al 100 % necesitaremos unas 2 o 3 horas; en un enchufe doméstico (a 2,8 kW) la recarga puede completarse en unas 4 o 5 horas.

Además, debido a que las baterías no son tan grandes como la de los eléctricos puros, normalmente se cargan y descargan completamente, con lo que su vida útil se reduce considerablemente con respecto a la de los híbridos no enchufables (HEV), que tienen un sistema de gestión

---

[22] La mirada del mendigo, «Emisiones contaminantes: Diesel vs híbrido», 23 de abril de 2018, https://esmola.wordpress.com/2018/04/23/emisiones-contaminantes-diesel-vs-hibrido.

mucho más eficiente que evitan los extremos y por tanto una degradación prematura.

Como conclusión, podemos afirmar que si necesitas cambiar de vehículo y no te puedes permitir un eléctrico, ya sea por su precio de compra o porque no se adapta a tu perfil de uso, **la mejor opción es, o bien un híbrido convencional** (preferentemente Toyota por su alta simplicidad mecánica y elevado rendimiento), **un híbrido enchufable o un coche eléctrico de autonomía extendida (híbrido en serie) siempre que lo puedas cargar cada día y no excedas la autonomía en modo eléctrico.**

1.6 ¿Hidrógeno o eléctrico?

Según el apartado anterior, un vehículo híbrido es aquel que combina más de un sistema de propulsión distinto, normalmente un motor de combustión con uno o varios motores eléctricos. Pero hay una variante que, aunque técnicamente se pueda considerar como híbrido, es la combinación que más se acerca a lo que es un vehículo eléctrico puro, ya que no emite ningún gas contaminante cuando se circula con él y su propulsión es siempre eléctrica.

Estaríamos hablando, *grosso modo*, de un **híbrido en serie**, genéricamente conocido como **"vehículo de hidrógeno o de pila de combustible"**, y más concretamente como **"vehículo eléctrico de célula de combustible"** (o **FCEV, de las siglas en inglés de** *Fuel Cell Electric Vehicle*).

Los vehículos de hidrógeno disponen de **uno o varios motores eléctricos,** de una **batería de almacenamiento eléctrico** (similar en tamaño a la de los híbridos enchufables), de un **depósito de hidrógeno** (sustituyendo al de gasolina o gasoil) y de una **pila de combustible** (que equivaldría al motor de combustión que se usa para generar electricidad, aunque siguiendo un proceso totalmente distinto).

La pila de combustible, a través de una reacción química de oxidación, **produce electricidad a partir del oxígeno del aire**. Como producto de este proceso **se genera agua en forma de vapor**, que es lo que sale por el tubo de escape. Es decir, **no contamina**.

Ejemplos de vehículos de hidrógeno son el **Toyota Mirai** o el **Hyundai Nexo**, además de algunos modelos de autobús en los que también se emplea esta incipiente tecnología.

Ha habido algún fabricante, como BMW, que en el pasado ha usado el hidrógeno como combustible, inyectándolo directamente dentro del motor de combustión interna previamente modificado, pero esta solución no dio buenos resultados, al deteriorar los cilindros y pistones, por lo que cayó en desuso.

Las principales razones por las que actualmente **los vehículos eléctricos puros se han impuesto frente a los de hidrógeno**, son: su **menor coste de adquisición**, su **sencillez** de fabricación, la posibilidad de poderse **cargar prácticamente en cualquier sitio** donde exista una toma de corriente disponible (en un vehículo eléctrico puro basta que haya un enchufe, mientras que en uno de pila de combustible es necesaria una estación de servicio de hidrógeno, muy escasas en nuestro país) **y a que su infraestructura de recarga es mucho más sencilla y económica** de implantar (el hidrógeno se tiene que transportar y almacenar a altas presiones, con lo que el coste de instalación de una estación de suministro de hidrógeno asciende hasta los 2 millones de euros, frente a los menos de 200 000 euros de una estación de carga ultrarrápida para vehículos eléctricos).

Por otra parte, la obtención del hidrógeno es mucho más ineficiente que usar electricidad directamente de la red o de paneles solares para cargar las baterías de un vehículo eléctrico, ya que en el caso de la generación del hidrógeno primero se debe consumir electricidad para generarlo, transportarlo, y finalmente hay que almacenarlo a presiones muy elevadas.

A pesar de todo ello, la tecnología basada en el hidrógeno presenta una clara ventaja frente al vehículo eléctrico puro, y es el tiempo de repostaje, que es mucho más reducido que el de la carga lenta de las baterías (no tanto si lo comparamos con la carga ultrarrápida). Aunque muchos expertos lo defienden para aplicaciones como el transporte pesado o de larga distancia, con la llegada de potencias de carga de las baterías cada vez más elevadas, como la entregada por los cargadores de Ionity o los nuevos *Supercharger V3* de Tesla, los tiempos de carga se han reducido de forma sustancial. En el *Supercharger V3* de Tesla se recuperan 100 km de autonomía tras 5 minutos de carga, casi 250 km tras 11 minutos de carga).

1.7 ¿Gas o eléctrico?

Un coche que funciona con gas es capaz de moverse con dos tipos de combustibles: con gas y con gasolina. Cuentan con un único motor, que es de combustión interna, por lo que no pueden considerarse híbridos como tal, sino más bien como coches "híbridos energéticos", o *bifuel*.

Su funcionamiento es muy similar al de un vehículo con motor de combustión normal, pero el motor está adaptado para poder utilizar los dos combustibles, bien de forma simultánea, bien de forma alternativa.

El gas utilizado en automoción se denomina gas natural vehicular (GNV),[23] y puede emplearse en forma líquida (GNL) o en forma gaseosa (GNC). El **gas natural comprimido (GNC)**, con un 90 % de metano, se usa en coches y furgonetas. El **gas natural licuado (GNL)**, menos habitual, se usa en autobuses y camiones.

Por otra parte, el **gas licuado del petróleo (GLP)** es una mezcla de butano y propano.

Hay vehículos que funcionan solo con gasolina los primeros instantes, en que la mezcla es pobre, y luego realizan solo la combustión del gas hasta que se agota. Otros vehículos usan siempre una pequeña proporción de gasolina, de alrededor del 10 o 15 %, para permitir una correcta lubricación de la cámara de combustión.

También hay que destacar que hay fabricantes de automóviles que disponen de modelos a gas de serie, o bien mediante un kit de conversión, como por ejemplo el de Kia. Hay, por otra parte, empresas que se dedican

---

[23] Wikipedia, «Gas natural vehicular», s/f, https://es.wikipedia.org/wiki/Gas_natural_vehicular.

a transformar vehículos de gasolina para que puedan funcionar también con gas. De hecho, muchos taxistas tienen un vehículo híbrido de Toyota convertido a gas, por lo que aún reducen más el coste en combustible.

Los vehículos de gas son considerados por la Dirección General de Tráfico como vehículos "ECO", atribuyéndoles la correspondiente etiqueta medioambiental, aunque, al igual que ocurre con los "híbridos suaves", su categoría ecológica dista mucho de serlo en realidad ya que emiten igualmente gases contaminantes: gases de efecto invernadero (CO_2) y gases tóxicos (partículas finas $PM_{2,5}$ y ultrafinas $PM_{0,1}$, y óxidos de nitrógeno o NO_x). Por tanto, **no son una alternativa ecológica como se están vendiendo en la actualidad.**

Y para respaldar esta afirmación, me voy a basar de nuevo en un riguroso informe[24] realizado por la Federación Europea de Transporte y Medio Ambiente (*Transport & Environment*, o *T&E*), que podéis descargar de la web oficial[25] o a través del vídeo publicado por **Saúl López** en su canal de YouTube,[26] que os invito a consultar. En él se llega a conclusiones tan contundentes como que en los estudios que suelen publicar las empresas y colectivos interesados en este tipo de combustibles nunca se tienen en cuenta las emisiones del pozo a la rueda (*well-to-wheel*, en inglés), por lo que las emisiones totales reales son superiores a las que se dan de forma oficial. Esto es así porque durante el proceso de extracción y transporte de los hidrocarburos hay más fugas de las que se tienen en cuenta en los datos oficiales; se escapan a la atmósfera hasta un 60 % más de gas

---

[24] Transport & Environment, «Un informe concluye que los coches de gas no son tan limpios como prometen», 15 de junio de 2020, https://www.transportenvironment.org/press/un-informe-concluye-que-los-coches-de-gas-no-son-tan-limpios-como-prometen.

[25] Transport & Environment, «GNC y GNL para vehículos y buques: los hechos», 1 de octubre de 2018, https://www.transportenvironment.org/sites/te/files/2018_10_TE_GNC_y_GNL_para_vehi%CC%81culos_y_buques_los_hechos_ES.pdf.

[26] Canal de Saúl López en YouTube, «GAS ¡NO! El gas es el nuevo diésel (Gasgate/Dieselgate)», 4 de diciembre de 2019, https://www.youtube.com/watch?v=isuwjXSD3go.

metano (CH_4), un gas de efecto invernadero 20 veces más potente que el dióxido de carbono (CO_2).

Es decir, que los beneficios debidos a la escasa reducción de contaminantes emitidos por los vehículos que usan gas desaparecen al tenerse en cuenta los datos reales de todo el proceso de extracción, transporte y uso de gas. El objetivo de esta manipulación no es otro que seguir perpetuando su modelo negocio, basado en la extracción y en el procesado de hidrocarburos para el transporte, principalmente.

En cuanto al biometano (metano obtenido a partir del proceso natural de descomposición de materia vegetal), en ese estudio se concluye que, aunque se reduce de manera sustancial la emisión de gases de efecto invernadero, especialmente si las comparamos con el diésel, **la proporción de vehículos que usan biometano es de solamente el 1 % (el 99 % restante es gas metano de origen fósil contaminante)**. Los estudios que defienden el empleo de biometano asumen que, en el mejor de los casos, el porcentaje máximo del mismo destinado al transporte es del 10 %, por lo que su supuesta sostenibilidad cae por sí misma. Solo se sostiene porque es más barato que la gasolina y el gasoil, debido precisamente a las subvenciones de las que se beneficia este combustible.

Por tanto, no, el gas no es una alternativa ecológica real a los vehículos tradicionales de combustión (gasolina o diésel) para hacer la transición a una movilidad eléctrica sostenible.

PARTE 2

LA CARGA DEL VEHÍCULO ELÉCTRICO

2 LA CARGA DEL VEHÍCULO ELÉCTRICO

2.1 Unas nociones para empezar

Para entender mejor todos y cada uno de los apartados de esta sección, relativos a la carga del vehículo eléctrico, es necesario conocer la terminología eléctrica que se usa cuando se habla de dicha carga, como la capacidad de la batería o la velocidad de carga, entre otros aspectos, y que muchas veces se usan de forma confusa (como por ejemplo kW y kWh).

En primer lugar, definiremos **en qué consiste la carga de un vehículo eléctrico**. Esto no es otra cosa que el proceso por el que suministramos energía eléctrica a la batería del vehículo eléctrico para que quede almacenada en su interior. En el siguiente apartado, <u>2.2 Características y tipos de carga</u>, se definen todos los aspectos que ayudan a diferenciar los distintos tipos de carga que se dan, como el tipo de corriente, la potencia de carga, etc.

Continuemos con el concepto de **capacidad de la batería**. La **capacidad total teórica o bruta** de la batería define la máxima cantidad de energía que admite, y nunca coincide con su **capacidad útil teórica**, ya que si se sobrepasaran los límites máximos de una batería, esta quedaría inutilizable de forma irreversible al verse afectada su química interna. La capacidad útil está controlada electrónicamente y establece unos límites de seguridad, tanto para la carga como para la descarga. Por ejemplo, el Tesla Model 3 Gran Autonomía tiene una batería de iones de litio con una capacidad total teórica de 78 kWh, mientras que su capacidad útil teórica es de 73,5 kWh.

La capacidad de la batería **se puede medir en kilovatios hora (simbolizado como kW·h, kW h o kWh)** o en amperios hora (Ah), aunque suele emplearse más el primer término. Un kilovatio hora se puede definir como la energía desarrollada por una potencia de un kilovatio (kW) durante una hora. Si lo comparamos con un vehículo de combustión, esto serían los litros de capacidad del depósito de combustible. Así, si para recorrer con un vehículo eléctrico una distancia de 100 km gastamos 13 kWh, significa que esos 13 kW "saldrían" de la batería a lo largo de una hora.

Y lo mismo se aplicaría en sentido contrario cuando cargamos la batería. Si la potencia de carga en nuestra casa en un momento dado es de 2,8 kW, esto indica que en una hora de carga habrán "entrado" en la batería 2,8 kWh (en realidad algo menos debido a las pérdidas que se producen en todo proceso de carga y descarga de una batería).

Entonces, **¿qué es el kilovatio (kW)?** El kW es un múltiplo del vatio (W): un kW son 1 000 W, y es la unidad que se emplea para expresar la **potencia eléctrica**; de hecho, cuando se habla de la potencia máxima que desarrolla un motor, del tipo que sea, se pueden emplear tanto los kilovatios como los caballos de potencia (CV). En los vehículos con motor de combustión suelen emplearse para definir su potencia los caballos, y en el caso de los vehículos eléctricos, los dos. 1 kW equivale a 1,36 CV.

Otro concepto que se emplea mucho en relación a las baterías es el de los **ciclos de carga**, que es una manera de medir la vida útil de la batería, o sea, cuántas veces podemos cargarla y descargarla completamente (entre el 0 y el 100 %). Actualmente la mayoría de los fabricantes está ofreciendo **hasta 2 000 ciclos de carga en las baterías NCM** (con níquel, cobalto y manganeso en el cátodo), **hasta 3 000 ciclos en las baterías NCA** (con níquel, cobalto y aluminio) **y hasta 5 000 ciclos en las baterías LFP** (Litio Ferro Fosfato).

Esta manera de expresar la energía acumulada en una batería es la más habitual, ya que se aplica a teléfonos móviles, portátiles y demás dispositivos, no sólo a los vehículos eléctricos. Lo que ocurre es que este porcentaje representa la cantidad de kilovatios hora (kWh) o amperios hora (Ah) que tiene almacenados la batería, por lo que variará en función del tamaño de cada batería. Este dato permite calcular la energía que se ha recargado y su coste, o la distancia que podemos recorrer.

En el caso particular de los vehículos eléctricos hay otro dato útil que se puede obtener a partir del porcentaje: **la autonomía**. El sistema de control de los vehículos eléctricos ya nos proporciona ese dato, basándose en el consumo medio, y por ello es la información que más se suele usar (en un dispositivo electrónico nos basta con el porcentaje de la batería restante). En el proceso de carga de un vehículo eléctrico se suele hablar de "autonomía añadida", ya que dependiendo del consumo medio será necesaria más energía (kWh) o menos.

El **voltio (V)** y el **amperio (A)** son dos conceptos importantísimos cuando hablamos de la carga de la batería. El número de voltios indica la **tensión o diferencia de potencial eléctrico** entre dos puntos. En Europa su valor estriba entre los **230 V en corriente monofásica** (se emplea un cable para conducir la corriente eléctrica, que es lo habitual en viviendas y pequeños negocios) y los **400 V en corriente trifásica** (se emplean tres cables para conducir la corriente eléctrica en vez de uno, y se usa en instalaciones industriales).

El **amperio** por su parte es la unidad de corriente eléctrica que define la **intensidad de corriente (I)**.

Una forma de comprender la diferencia entre el voltio y el amperio sería la siguiente: en un río, a la cantidad de agua que pasa por minuto se le llama caudal, que equivale a la tensión eléctrica, y la fuerza del agua equivaldría a la intensidad de corriente.

De estos dos términos (tensión e intensidad) se obtiene la **potencia eléctrica (P)**, como resultado de multiplicarlos entre ellos (**P = V x I**). Así, si multiplicamos **230 V** por los **12 A** que puede haber disponibles en un enchufe Schuko doméstico, obtendremos la potencia disponible: 2 760 W (o **2,76 kW**).

Pero este cálculo es para la **corriente alterna monofásica**. Si hablamos de **corriente alterna trifásica**, debemos multiplicarlo todo por el número 1,73 (**P$_{trifásica}$ = V x I x 1,73**), por lo que siguiendo el ejemplo anterior tendríamos que **400 V x 12 A x 1,73 = 8,30 kW**.

La potencia eléctrica de una batería define su capacidad para proporcionar energía durante el proceso de descarga (alimentación del motor o motores eléctricos). A mayor potencia, mayores prestaciones.

Te recomiendo ver el <u>vídeo explicativo de Clío Beruete en su canal de YouTube</u>.[27]

---

[27] Canal de YouTube de Clío Beruete, «Términos eléctricos - ¿Tienes dudas?», 4 de octubre de 2019, https://www.youtube.com/watch?v=3VC4gt-A_PA&list=PL4iTBCSlcd7GtlmlvnyvFB-RnigHow3fH&index=12.

2.2 Características y tipos de carga

Cada proceso de carga presenta unas características propias que veremos bien en los apartados siguientes y que conviene conocer bien. Te los resumo a continuación.

Tipo de corriente

Para cargar nuestro vehículo eléctrico existen dos tipos de corriente eléctrica:

- La **corriente alterna** (CA, o *AC* por sus siglas en inglés *alternating current*). Esta a su vez puede ser de dos tipos diferentes: **monofásica y trifásica**. La corriente monofásica tiene un hilo conductor con corriente (al que se le llama *fase*), y la corriente trifásica dispone en cambio de tres *fases*. Es la corriente que disponemos en los hogares y en las industrias. Los puntos de carga públicos de los establecimientos proporcionan este tipo de corriente.

- La **corriente continua** (CC, o *DC* por sus siglas en inglés *direct current*). Es la corriente eléctrica que tenemos en los puntos de carga rápida y ultrarrápida, y la forma en que se almacena la energía eléctrica en las baterías de los vehículos y dispositivos electrónicos.

Potencia y velocidad de carga

La potencia de carga se indica en kilovatios (kW). Depende de la intensidad de corriente (amperios, A), de la tensión de alimentación (voltios, V) y del número de fases (una o tres). Esta última triplica la velocidad de carga. Consulta la sección anterior si deseas refrescar conceptos.

Por tanto, en función de la potencia de carga tendremos una velocidad de carga diferente: **a mayor potencia de carga, mayor velocidad de carga y por tanto menor será el tiempo empleado**.

La carga de un vehículo eléctrico se clasifica en tres tipos en función de la velocidad de carga y, por tanto, del tiempo empleado en completarla:

- **Carga lenta** (útil cuando conectas tu vehículo en casa, en el trabajo o en cualquier situación en que vayas a permanecer muchas horas sin usar el vehículo).

- **Carga semirrápida** (muy interesante en las situaciones en las que se tengan que realizar distintas gestiones durante unas pocas horas y no se necesite el vehículo para nada, como una reunión de negocios o unas compras en un centro comercial).

- **Carga rápida y ultrarrápida** (imprescindible para recargar la batería durante los trayectos largos).

Estos conceptos se detallan en la sección 2.3 Velocidad de carga.

Dónde cargamos

La carga de un vehículo eléctrico puede realizarse en muchos sitios diferentes:

- **En casa**.
- **En el trabajo**.
- **Durante un viaje**, en las electrolineras (estaciones de carga para vehículos eléctricos ubicadas en centros comerciales, en gasolineras...).
- **En la vía pública** (párkings públicos situados en la calle).
- **En establecimientos** (cines, centros comerciales, etc.).

Se explica con todo detalle en la sección 2.8 Dónde puedes cargar.

Conectores

Existen varios formatos de conector y dependen básicamente del tipo de corriente (alterna o continua) y de la potencia máxima de carga. Los conectores que existen son los siguientes:

- Schuko.
- Cetac.
- Tipo 1 (Yazaki).
- Tipo 2 (Mennekes).
- Tipo 2 modificado por Tesla.
- Tipo 3 (Scame).
- CCS1 (Combo 1).
- CCS2 (Combo 2).
- CHAdeMO.

Los cables portátiles que llevemos en nuestro vehículo eléctrico deberán tener en un extremo el mismo conector que lleve el vehículo (Tipo 1, Tipo 2, Tipo 3 o CHAdeMO), y en el otro cualquiera de los anteriores.

Todo este contenido se amplía en las secciones 2.5 Tipos de conectores y 2.7 Cables y adaptadores.

Cuánto cuesta cargar

El coste que tiene cargar un vehículo eléctrico puede variar entre cero y varios céntimos de euro, cuando usamos una estación de carga pública de pago.

Para saber cuál va a ser el coste de recargar nuestro vehículo eléctrico, debemos tener en cuenta dos factores:

- La cantidad de energía almacenada en la batería.
- El coste de la energía.

Todos los detalles se exponen en la sección 2.9 Cuánto cuesta cargar.

2.3 Velocidad de carga

La velocidad de carga de un vehículo eléctrico se puede entender como la **cantidad de kilómetros de autonomía que introducimos en la batería durante el proceso de carga**. Como cada vehículo eléctrico presenta un consumo particular, a una potencia de carga determinada, el vehículo que tenga un consumo mayor cargará a una velocidad menor (tardará más tiempo en incrementar los kilómetros de autonomía).

La velocidad a la que se carga un vehículo eléctrico depende por tanto del consumo medio del vehículo y de la potencia de carga (P). Esta a su vez depende de la intensidad de corriente (I), expresada en amperios (A), que es el **parámetro que se puede regular desde el propio vehículo para limitar la potencia demandada a la red**. El número de voltios (V) se considera constante durante el proceso de carga. Por tanto, la potencia de carga se calcula multiplicando el número de amperios por el de voltios (P = I x V), como ya hemos visto en la sección 2.1.

Pero vamos con algunos ejemplos para verlo un poco más claro. Un vehículo eléctrico con una batería de 50 kWh de capacidad necesitaría una hora completa para recargarla a una potencia de 50 kW (en realidad es más tiempo debido a las pérdidas que se producen durante el proceso de carga y a que no es lineal en el tiempo). Esa misma batería tardaría algo más de dos horas si el vehículo estuviese cargando a 22 kW (50/22). Otro cálculo: si la potencia de carga fuera de 3,7 kW, en diez horas la energía almacenada en esa batería sería de aproximadamente 37 kWh (3,7 x 10), y el tiempo necesario para recargarla completamente sería de unas 13 horas y media (50/3,7).

Pero, aunque en algunos casos el tiempo de carga parezca desalentador, en realidad lo que ocurre es que en la mayoría de los casos **un vehículo eléctrico no llega nunca a agotar casi la totalidad de su batería**, con lo que solamente se tienen que cargar entre 10 y 25 kWh cada día (o más, dependiendo de cada caso), es decir, entre un 15 % y un 50 % de la capacidad total de la batería. (Según numerosos estudios la mayoría de las personas conduce menos de 50 km diarios de media).

Por último, interviene otro parámetro en el proceso de carga: **la temperatura**. Esta es la verdadera causante de que una batería se degrade, y es por ello por lo que un buen sistema de refrigeración de la misma, asociado a una potencia de carga reducida, alargan su vida útil. El ejemplo más claro que pone de manifiesto todo esto es la primera generación del Nissan Leaf, ya que algunas unidades han llegado a degradarse un 50 % al no contar con ningún sistema eficiente para la refrigeración de la batería.

Así pues, **en función de la potencia la velocidad de carga se puede dividir en tres tipos** (esto puede variar según la fuente consultada):

1. **Carga lenta:** hasta 32 A (7,4 kW) en corriente alterna monofásica, con un tiempo de carga hasta el 80 % **entre 6 y 30 horas** (según capacidad de la batería); este tipo de carga **se usa en casa o en el trabajo, mientras dormimos o trabajamos**, en los casos en que no se necesite recorrer una gran distancia cada día. Es la potencia entregada por la mayoría de los cargadores portátiles suministrados de serie por los fabricantes.

2. **Carga semirrápida:** entre 16 A (11 kW) y 32 A (22 kW) en corriente alterna trifásica, con un tiempo de carga hasta el 80 % **entre 1 y 6 horas** (según capacidad de la batería). Es la potencia entregada habitualmente por los puntos de carga públicos ubicados en hoteles, centros comerciales, párkings, etc. Este tipo de carga **se usa durante paradas prolongadas mientras realizamos otras tareas**.

3. **Carga rápida:** la carga rápida funciona a partir de 50 kW en corriente continua. Se la denomina carga ultrarrápida a partir de 150 kW (aunque en algunos textos se la considera a partir de los 80 o 100 kW). Los tiempos de carga hasta el 80 % varían, según la potencia de carga y la capacidad de la batería, **entre 25 y 45 minutos para la carga rápida y entre 10 y 25 minutos para la carga ultrarrápida**. Este tipo de carga **se usa en viajes largos**.

Por último, en la siguiente tabla puedes ver la autonomía que se gana por cada hora de carga en función de la intensidad de corriente con que estemos cargando (considerando un consumo medio del vehículo de 17 kilovatios hora por cada 100 kilómetros recorridos):

Carga lenta (corriente alterna monofásica a 230 V)		
Intensidad (A)	Potencia (kW)	Carga (km cada hora)
6	1,4	8
7	1,6	9
8	1,8	10
9	2,1	12
10	2,3	13
11	2,5	14
12	2,8	15
13	3,0	17
14	3,2	18
15	3,5	19
16	3,7	21
32	7,4	41

Y la **autonomía incrementada por cada hora de carga semirrápida**, quedaría del siguiente modo:

Carga semirrápida (corriente alterna trifásica a 400 V)		
Intensidad (A)	Potencia (kW)	Carga (km cada hora)
10	6,9	39
11	7,6	43
12	8,3	46
13	9,0	50
14	9,7	54
15	10,4	58
16	11,1	62
32	22,1	124

2.4 Modos de carga

Existen **cuatro** formas de cargar un vehículo eléctrico, que se conocen como **modos de carga**. Es muy importante conocer los diferentes modos de carga para entender la comunicación que se establece entre los puntos de carga y el vehículo, así como el control que nos permiten ejercer sobre el proceso de carga.

Vamos ya con los cuatro modos de carga.

Modo de carga 1 (enchufe no dedicado sin protección)

Se llama modo 1 a la **conexión del vehículo directamente a una toma de corriente**, tal y como se hace con cualquier otro electrodoméstico, y **solo lo admiten los vehículos eléctricos ligeros** (motocicletas, bicicletas…).

No hay comunicación entre la infraestructura de carga y el vehículo.

Características técnicas:

- Conector: **Schuko**.
- Intensidad de corriente máxima: **16 A**.
- Tensión de alimentación: **230 V en corriente alterna monofásica**.
- Potencia de carga máxima: **3,7 kW**.
- Velocidad de carga: **lenta**.
- Tiempo de carga hasta al 80 %: **entre 10 y 30 horas** (según capacidad de batería, entre 25 kWh y 90 kWh).

Modo de carga 2 (enchufe no dedicado con dispositivo de protección incorporado en el cable)

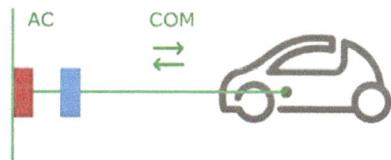

En este modo **se utiliza un cable con cargador incluido e independiente del vehículo**. Dicho cargador permite una **comunicación entre el vehículo y la red**, dispone de un **sistema de protección** para las personas y **permite seleccionar la potencia de carga**.

Puede ser conectado a un enchufe estándar (por ejemplo, en el garaje) o a un enchufe o un punto de carga emplazado en el exterior. En un extremo del cable hay un conector adaptado al del modelo de vehículo a cargar, y en el otro extremo se podrán emplear varios conectores mediante adaptadores, según la toma que vayamos a usar.

Los cables para la carga en modo 2 suelen ser suministrados por el mismo fabricante del vehículo, aunque existen otros más completos y específicos en el mercado. Suelen usarse como solución de emergencia cuando no hay disponible un punto de carga específico Tipo 2. Se usa principalmente en coches eléctricos con una batería pequeña o en híbridos enchufables, aunque también en motocicletas eléctricas.

Para ver todos los detalles, consulta la sección <u>2.7 Cables y adaptadores</u> del manual.

Características técnicas:

- Conectores: **Schuko y Cetac**.

- Intensidad de corriente máxima: **32 A** en corriente alterna **monofásica** (en trifásica en cargadores específicos más potentes como los <u>EV Portable del fabricante V2C</u>).[28]

- Tensión de alimentación: **230 V** en corriente alterna **monofásica** (o 400 V en corriente alterna trifásica en los cargadores <u>EV Portable del fabricante V2C</u>).

- Potencia de carga máxima: **7,4 kW** en corriente alterna monofásica (o 22 kW en corriente alterna trifásica con los cargadores <u>EV Portable del fabricante V2C</u>).

- Velocidad de carga: **lenta** (o semirrápida en los cargadores <u>EV Portable del fabricante V2C</u>).

- Tiempo de carga hasta al 80 %: **entre 6 y 30 horas** (con los cargadores portátiles estándar y según capacidad de batería).

Modo de carga 3 (enchufe y circuito dedicados con dispositivo de protección incorporado en punto de carga)

En el modo 3 se realiza una conexión directa del vehículo eléctrico a la red de alimentación de corriente alterna usando un **sistema de alimentación específico del vehículo eléctrico (SAVE)**, que es un punto de carga **permanentemente instalado en la vivienda o en un lugar público (por ejemplo, una plaza de estacionamiento pública)**.

---

[28] V2C, «EV Portable», s/f, http://www.evportable.com.

En una instalación doméstica, la energía se puede suministrar **mediante un punto de carga con o sin cable incluido** (a elección del usuario), que podrá ser de Tipo 1 (Yazaki) o Tipo 2 (Mennekes), adaptándose así al vehículo que se desea cargar.

En el caso de un punto de carga público, donde no se conoce previamente qué vehículo va a utilizar el cargador, se emplea el conector Tipo 2, siendo el usuario quien debe disponer del cable de carga adecuado que se conecte por un lado a la toma del punto de carga y por el otro al conector de su vehículo (que puede ser Tipo 1, Tipo 2 o Tipo 3).

Permiten comunicarse con el coche para indicarle la máxima velocidad de carga disponible en cada momento según el consumo que haya en la vivienda ("control dinámico de carga"), y así el coche puede regular la velocidad de carga en función de esta información. Muchos modelos también **permiten seleccionar manualmente la potencia de carga máxima (variando el número de amperios de la intensidad de corriente)** durante el proceso de carga y monitorizar, gestionar y facturar el consumo de energía, que son especialmente indicados para los puntos de carga públicos.

Características técnicas:

- Conectores: **Tipo 1 (Yazaki)** en corriente alterna monofásica y **Tipo 2 Mennekes** en corriente alterna monofásica o trifásica.

- Intensidad de corriente máxima: **32 A** en corriente alterna **monofásica o trifásica**.

- Tensión de alimentación: **230 V** en corriente alterna monofásica **o 400 V** en corriente alterna trifásica.

- Potencia de carga máxima: **7,4 kW** en corriente alterna monofásica **o 22 kW** en corriente alterna trifásica.

- Velocidad de carga: **lenta o semirrápida** (según potencia disponible).

- Tiempo de carga hasta al 80 %: **entre 1 y 6 horas** (según capacidad de batería).

Modo de carga 4 (conexión en corriente continua)

En el modo 4 se realiza una conexión indirecta del vehículo eléctrico a la red de alimentación de corriente alterna a través de un SAVE que incluye también un convertidor alterna-continua. **Esta recarga se realiza por tanto en corriente continua**. La energía puede provenir de baterías que han almacenado electricidad de origen renovable.

Únicamente se encuentra disponible en estaciones públicas de carga rápida y ultrarrápida (electrolineras).

El cable de carga está siempre unido al cargador, ya que debido a las altas intensidades que suministra tiene una protección especial (en algunos casos son refrigerados por líquido). Al existir varios tipos de conectores de carga en modo 4, los equipos suelen estar dotados de dos mangueras con su correspondiente conector para la carga en corriente continua (en Tipo 2 y en CHAdeMO), y adicionalmente con una manguera con conector Tipo 2 (Mennekes) para cargar en corriente alterna trifásica a 63 A y 43 kW (modo de carga 3).

Los vehículos eléctricos más antiguos no pueden utilizar este modo de carga.

Disponen de un contador de energía para su gestión y facturación.

Características técnicas:

- Conectores: **CCS Combo 2, CHAdeMO y Tipo 2 modificado por Tesla**.
- Intensidad de corriente: **a partir de 125 A**.

- Tensión de alimentación: **entre 400 V y 800 V** en corriente continua (CCS Combo 2) **o 500 V** en corriente continua (CHAdeMO).

- Potencias de carga: **entre 50 kW y 150 kW (carga rápida) y entre 150 kW y 350 kW (carga ultrarrápida) con el conector CCS Combo 2 y hasta 62,5 kW con el conector CHAdeMO.** En los *Superchargers* de Tesla la potencia es de a partir de 120 kW (conector Tipo 2 específico). En la Red Ionity la potencia es de entre 150 y 350 kW de potencia. Todo se explica en detalle en el siguiente apartado.

- Velocidad de carga: **rápida o ultrarrápida**.

- Tiempo de carga hasta al 80 %: **entre 25 y 45 minutos para la carga rápida y entre 10 y 25 minutos para la carga ultrarrápida** (según capacidad de batería y nivel de carga durante el proceso).

2.5 Tipos de conectores

Aunque el conector que finalmente se ha establecido como estándar es el Tipo 2, comunmente llamado "Mennekes" (por ser dicha empresa alemana quien lo comercializó por primera vez), para la recarga del vehículo eléctrico existen varios tipos de conectores en función de la potencia máxima que pueden transferir y del emplazamiento donde se hallen (garajes públicos, cámpings, puntos de recarga, etc.).

En las páginas siguientes podrás ver con detalle todos los conectores con los que podrás cargar tu vehículo eléctrico.

Conector doméstico Schuko – CEE 7/4 Tipo F

Este es el conector habitual en domicilios y oficinas, y es el más común en Europa. Es el conector asociado a motocicletas y bicicletas eléctricas, y a coches eléctricos matriculados como cuadriciclos (como el Renault Twizy).

Este conector **acepta los modos de carga 1 y 2**. En esta toma puedes cargar tu coche mediante un cargador portátil (modo de carga 2).

La intensidad de corriente máxima con la que podremos cargar para evitar sobrecalentamientos será de 12 A. Así pues:

- Tensión aceptada: **230 V en corriente alterna monofásica**.
- Intensidad aceptada: **de 6 A a 12 A**.
- Potencia aceptada: **de 1,4 kW a 2,8 kW**.

La velocidad de carga es lenta.

Tiempo de carga hasta al 80 %: **entre 10 y 30 horas** (según capacidad de batería).

Con este conector puedes cargar en enchufes domésticos, en garajes, en casas rurales, en oficinas, en cuadros eléctricos, en generadores autónomos, en puntos de recarga públicos que tengan este conector o donde quiera que haya un enchufe con toma de tierra.

Toma industrial Cetac – IEC 60309

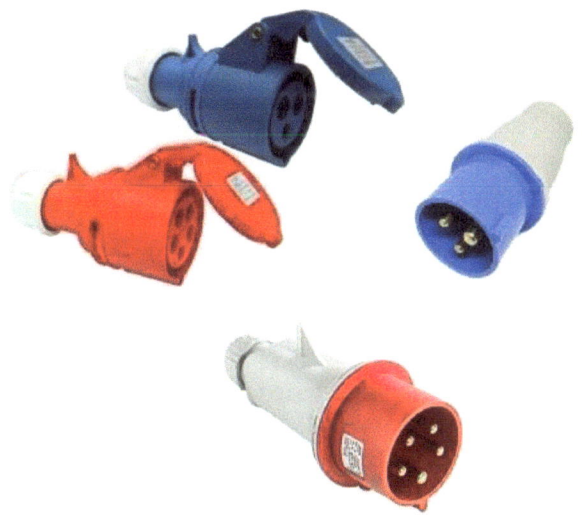

Esta es la versión industrial del conector Schuko, que permite cargar en corriente alterna monofásica (un polo con corriente, neutro y toma de tierra, total 3 polos) o en corriente alterna trifásica (tres polos con corriente, neutro y toma de tierra, total 5 polos).

El código de colores obedece al siguiente criterio:

- Conector de color **azul**: **carga en corriente monofásica**.
- Conector de color **rojo**: **carga en corriente trifásica**.

Este conector **acepta el modo de carga 2** mediante un cargador portátil monofásico o trifásico.

Es altamente aconsejable tener adaptadores, accesorios que nos pueden facilitar el proceso de carga del coche en cualquier circunstancia para adaptar el conector Schuko al Cetac sin ningún problema (consultar la sección 2.6 Cables y adaptadores).

Las intensidades de corriente y las potencias de carga para cada caso son las siguientes:

Tensión aceptada (V)	Intensidad aceptada (A)	Potencia aceptada (kW)
230 V AC monofásica	De 6 A a 16 A	De 1,4 kW a 3,7 kW
	De 6 A a 32 A	De 1,4 kW a 7,4 kW
400 V AC trifásica	De 6 A a 16 A	De 4,1 kW a 11 kW
	De 6 A a 32 A	De 4,1 kW a 22 kW

La velocidad de carga puede ser lenta o semirrápida (según potencia disponible).

Tiempo de carga hasta al 80 %: **entre 2 y 6 horas** (según capacidad de batería).

Con este conector puedes cargar en tomas de corriente de empresas, en talleres industriales, en generadores autónomos o en cámpings.

Conector Tipo 1 (Yazaki) – SAE J1772 / IEC 62196-2

Este conector de corriente alterna de 5 pines (fase, neutro, toma de tierra, comunicación y proximidad) se encuentra generalmente en algunos de los primeros vehículos eléctricos americanos y asiáticos, como el Nissan Leaf, y en ciertos híbridos enchufables, como el Mitsubishi Outlander PHEV, el Toyota Prius Plug-in o el Opel Ampera.

Algunos fabricantes ofrecen la opción de añadir dos pines extra en la parte inferior para permitir la carga rápida en corriente continua.

Este conector **acepta el modo de carga 3** mediante un cable Tipo 2 macho en un extremo y Tipo 1 hembra monofásico en el otro extremo.

Sus características son las siguientes:

- Tensión aceptada: **230 V en corriente alterna monofásica**.
- Intensidad aceptada: **de 6 A a 32 A**.
- Potencia aceptada: **de 1,4 kW a 7,4 kW**.

La velocidad de carga puede ser lenta o semirrápida (según potencia disponible).

Tiempo de carga hasta al 80 %: **entre 2 y 8 horas** (según capacidad de batería).

Con este conector puedes cargar en cargadores portátiles o fijos tipo *wallbox*.

Conector Tipo 2 (Mennekes) – IEC 62196-2

Se trata de un conector de corriente alterna de 7 pines (3 fases, neutro, toma de tierra, comunicación y proximidad) que se ha estandarizado en los vehículos eléctricos europeos. Algunos fabricantes ofrecen la opción de añadir dos pines extra en la parte inferior para permitir la carga rápida en corriente continua.

En el caso de los puntos de carga públicos donde se ofrezca corriente alterna trifásica hay que tener en cuenta que no siempre se va a poder aprovechar la máxima potencia disponible, ya que hay vehículos eléctricos que no pueden cargar en trifásica. En estos casos el cable Tipo 2 que solo admita corriente monofásica únicamente dispone de un pin activo para la fase, que es el que tomará la corriente del punto de carga trifásico, quedando las otras dos fases sin usar.

Si tu vehículo eléctrico puede cargar a una potencia máxima de 7,4 kW en corriente alterna monofásica, cuando te conectes a un punto trifásico de

22 kW podrás aprovechar dicha potencia (22/3 = 7,4), pero si el punto solamente ofrece 11 kW en trifásica, únicamente podrás aprovechar 3,7 kW (11/3). Esto lo verás reflejado en ejemplos reales en la última parte del libro.

Este conector **acepta el modo de carga 3** mediante un cable Tipo 2 macho en un extremo y hembra, monofásico o trifásico, en el otro extremo.

Sus características son las siguientes:

Tensión aceptada (V)	Intensidad aceptada (A)	Potencia aceptada (kW)
230 V AC monofásica	De 6 A a 32 A	De 1,4 kW a 7,4 kW
400 V AC trifásica	De 6 A a 63 A	De 4,1 kW a 43 kW

La velocidad de carga puede ser lenta o semirrápida (según potencia disponible).

Tiempo de carga hasta al 80 %: **entre 1 y 6 horas** (según capacidad de batería).

Con este conector puedes cargar en cargadores portátiles o fijos tipo *wallbox* o desde otro vehículo eléctrico que disponga de tecnología V2L (consultar la sección 1.4 El coche eléctrico para suministrar energía a una vivienda, la red o un vehículo).

Conector Tipo 2 modificado por Tesla – IEC 62196-2

Tiene la misma forma del conector de Tipo 2 Mennekes pero ligeramente modificado, ya que es un conector propio de Tesla, y el pin central presenta una muesca para que solo pueda conectarse con el puerto de carga de los vehículos Tesla Model S y Model X, no así con el del resto de la gama de Tesla ni de los coches eléctricos de otros fabricantes.

Este conector **acepta el modo de carga 4** a través de los cables que hay instalados en las estaciones de carga ultrarrápida en corriente continua de Tesla denominadas *Supercharger*.

Sus potencias de carga son las siguientes:

- *Supercharger V1*: 120 kW.
- *Supercharger V2*: 150 kW.
- *Supercharger V3*: 250 kW.
- *Supercharger V4*: 350 kW.

La velocidad de carga es ultrarrápida.

Tiempo de carga hasta al 80 %: **entre 10 y 30 minutos** (según potencia y capacidad de batería).

Con este conector puedes cargar en cargadores portátiles o fijos tipo *wallbox*, en los *Superchargers* de Tesla o desde otro vehículo eléctrico que disponga de tecnología V2L (consultar la <u>sección 1.4 El coche eléctrico para suministrar energía a una vivienda, la red o un vehículo</u>).

Conector Tipo 3 (Scame) – IEC 62196-2

Este conector de 7 pines nació en el año 2010 gracias a la alianza llamada "EV Plug Alliance", formada entre otros por el fabricante italiano Scame, el alemán Schneider Electric y el francés Legrand. Se le conoce por el nombre de uno de sus fabricantes, aunque también es denominado "Tipo 3" por la norma IEC 62196-2.

Aparte de utilizarse en la Formula E, es usado en pequeños vehículos eléctricos, permitiendo una recarga lenta o semirrápida con corriente alterna, aunque no está muy extendido.

El Scame es el otro tipo de conector reconocido por la ACEA, quien recomienda situarlo en los postes de recarga junto al Mennekes.

Este conector **acepta el modo de carga 3** mediante un cable Tipo 3 macho en un extremo y hembra en el otro extremo, monofásico o trifásico.

Sus características son las siguientes:

Tensión aceptada (V)	Intensidad aceptada (A)	Potencia aceptada (kW)
230 V AC monofásica	De 6 A a 16 A[29]	De 1,4 kW a 3,7 kW
230 V AC monofásica	De 6 A a 32 A	De 1,4 kW a 7,4 kW
400 V AC trifásica	De 6 A a 63 A	De 4,1 kW a 43 kW

La velocidad de carga puede ser lenta o semirrápida (según potencia disponible).

Tiempo de carga hasta al 80 %: **entre 1 y 6 horas** (según capacidad de batería).

Con este conector puedes cargar en cargadores portátiles o fijos tipo *wallbox*.

---

[29] Si no se usa contacto de control piloto.

Conector CCS1 (*Combined Charging System* o Combo 1) – IEC 62196-3

El conector CCS1 (*Combined Charging System* o Combo 1) se usa dentro del Sistema de Carga Combinado CCS y extiende el adaptador tipo 1 Yazaki. Se usa mayoritariamente en Estados Unidos. Este tipo de conector es descrito también en el estándar norteamericano SAE J1772.

Permite al vehículo utilizar los puntos de recarga lentos, semirrápidos y rápidos, puesto que la parte superior del conector encaja con el Tipo 1 (para establecer la comunicación con el vehículo, para realizar la conexión y desconexión al vehículo y para la toma de tierra), y la parte inferior admite los dos pines de la carga en corriente continua, como se ve en la imagen.

Este conector **acepta el modo de carga 4** a través de los cables que hay instalados en las estaciones de carga rápida en corriente continua.

Sus características son las siguientes:

Tensión aceptada (V)	Intensidad aceptada (A)	Potencia aceptada (kW)
450 V DC	80 A	36 kW
450 V DC	200 A	90 kW
600 V DC	400 A	240 kW

La velocidad de carga es rápida o ultrarrápida.

Tiempo de carga hasta al 80 %: **entre 25 y 45 minutos** (según capacidad de batería).

Con este conector puedes cargar en estaciones de carga rápida en corriente continua.

Conector CCS2 (*Combined Charging System* o Combo 2) – IEC 62196-3

El conector CCS2 (*Combined Charging System* o Combo 2), comunmente conocido como **CCS2** o **CCS Combo**, al ser el más empleado, se usa dentro del Sistema de Carga Combinado CCS y extiende el adaptador tipo 2 Mennekes. Es el que se ha impuesto como estándar en Europa y el que incorporan todos los nuevos vehículos eléctricos; incluso el Tesla Model 3 y el Tesla Model Y para el mercado europeo han sido adaptados y ya lo incorporan. Por tanto, este es el sistema instaurado en los puntos de carga rápida y ultrarrápida en Europa.

Permite al vehículo utilizar los puntos de recarga lentos, semirrápidos y rápidos, puesto que la parte superior del conector encaja con el Tipo 2 (para establecer la comunicación con el vehículo, para realizar la conexión y desconexión al vehículo y para la toma de tierra), y la parte inferior admite los dos pines de la carga en corriente continua, como se ve en la imagen.

Este conector **acepta el modo de carga 4** a través de los cables que hay instalados en las estaciones de carga rápida en corriente continua.

Sus características son las siguientes:

Tensión aceptada (V)	Intensidad aceptada (A)	Potencia aceptada (kW)
	125 A	50 kW
400 V DC	250 A	100 kW
	375 A	150 kW
600 V DC	400 A	240 kW
800 V DC	437,50 A	350 kW

La velocidad de carga es rápida o ultrarrápida.

Tiempo de carga hasta al 80 %: **entre 10 y 45 minutos** (según capacidad de batería).

Con este conector puedes cargar en estaciones de carga rápida en corriente continua o en los *Superchargers* de Tesla adaptados.

Conector CHAdeMO – IEC 62196-3

El conector CHAdeMO está pensado específicamente para recarga rápida en corriente continua, siendo el estándar de los fabricantes japoneses (Mitsubishi, Nissan, Toyota y Fuji, de quien depende Subaru). CHAdeMO es el acrónimo de "CHArge de MOve", que se traduce como "carga para moverse". Es el conector de mayor diámetro, tanto el conector como el cable.

Este conector **acepta el modo de carga 4** a través de los cables que hay instalados en las estaciones de carga rápida en corriente continua.

Sus características son las siguientes:

Tensión aceptada (V)	Intensidad máxima (A)	Potencia máxima (kW)
500 V DC	125 A	62,5 kW
	200 A	100 kW

La velocidad de carga es rápida.

Tiempo de carga hasta al 80 %: **entre 30 y 45 minutos** (según capacidad de batería).

Con este conector puedes cargar en estaciones de carga rápida en corriente continua.

Tabla resumen de los modos de carga y tipo de conector

A modo de resumen, aquí puedes ver una tabla con todos los conectores que acepta cada uno de los modos de carga (descritos con detalle en la sección 2.4 Modos de carga):

	Tipo de conector						
	Schuko Cetac	Tipo 1	Tipo 2	Tipo 2 (Tesla)	Tipo 3	CCS (Combo)	CHAdeMO
Modo 1	Sí	No	No	No	No	No	No
Modo 2	Sí	No	No	No	No	No	No
Modo 3 (1 fase)	No	Sí	Sí	Sí	Sí	No	No
Modo 3 (3 fases)	No	No	Sí	Sí	Sí	No	No
Modo 4 (CC)	No	No	No	Sí	No	Sí	Sí

2.6 Tipos de cargadores

Puntos de carga específicos

Un punto de carga específico es un sistema de alimentación del vehículo eléctrico (SAVE) que puede comunicarse con él para gestionar o detener la entrega de potencia en caso necesario. Es un dispositivo permanentemente instalado en la vivienda, en una empresa o en un lugar público, por lo que es una extensión de esta. Las cargas se pueden realizar en los **modos de carga 3 o 4** (todos los detalles han sido expuestos en la sección 2.4 Modos de carga).

Los puntos de carga para vehículos eléctricos **se caracterizan principalmente por el tipo de corriente eléctrica** que suministran (corriente alterna, CA, o corriente continua, CC) **y por la potencia** que entregan, y por tanto a qué velocidad pueden cargar el vehículo. Esta potencia se expresa en kilovatios (kW).

Estos dispositivos permiten monitorizar constantemente la energía consumida (kWh) durante un tiempo determinado, permitiendo calcular el coste mensual o cobrar por el servicio prestado en el caso de empresas o de establecimientos que ofrezcan esta posibilidad.

En función de en qué situación se empleen tendremos **varios tipos de puntos de carga**, como podrás ver a continuación.

1. Punto de carga en corriente alterna monofásica o trifásica (*wallbox* y poste de carga)

Estos puntos de carga específicos pueden estar montados en la pared o sobre el suelo. A los que van montados en la pared se les denomina genéricamente *wallbox*, y los que van directamente en el suelo son pequeños postes o paneles.

Permiten realizar **cargas lentas** a 32 A como máximo (que son **7,4 kW de potencia en corriente monofásica**) y **cargas semirrápidas** a 32 A como máximo (que son **22 kW en corriente trifásica**), pudiendo completar la carga hasta el 80 % **entre 6 y 30 horas** en el primer caso y **entre 1 y 6 horas** en el segundo caso (según capacidad de la batería).

Los *wallbox* domésticos suelen incorporar el cable de carga, evitando que se tenga que sacar cada vez el cable portátil que llevemos en nuestro vehículo, aunque los puntos de carga públicos, situados en párkings públicos no lo incorporan, y se deberá usar el cable portátil (ver sección 2.7 Cables y adaptadores).

Los puntos de carga públicos, ya sea en formato *wallbox* o poste, deben tener una o varias tomas **Tipo 2** (y opcionalmente otra de tipo **Schuko**, aunque esta es opcional).

Los conectores que se usan son **Tipo 1** (solo para el ámbito doméstico), **Tipo 2** y **Schuko**.

Se emplea el **modo de carga 3**.

2. Punto de carga en corriente continua

Permiten realizar **cargas en corriente continua, ya sean rápidas** hasta **150 kW** (mediante el conector CCS Combo 2 y el conector Tipo 2 específico de Tesla) y a **62,5 kW** (mediante el conector CHAdeMO), **o ultrarrápidas** desde **150 kW** hasta **350 kW** en los *Superchargers* de Tesla y en la Red de Ionity, con un tiempo de carga hasta el 80 % **entre 10 y 45 minutos** (según capacidad de la batería y potencia de carga).

Se utiliza únicamente para los trayectos largos.

Se emplea el **modo de carga 4**.

Cargadores portátiles (cable con cargador incluido)

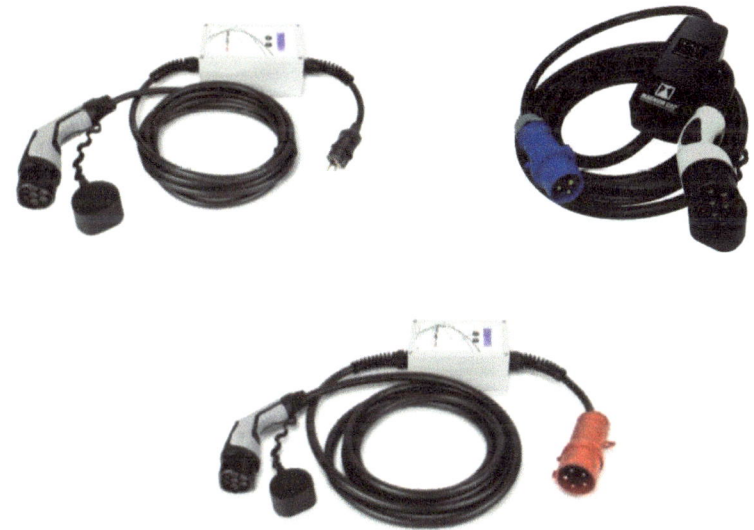

Es el cargador que suele entregarse junto con el vehículo para realizar las cargas lentas o de emergencia en un enchufe doméstico Schuko o industrial Cetac. La mayoría de los cargadores portátiles tienen una potencia de entre 1,4 y 7,4 kW en corriente alterna monofásica.

El conector que se conecta al vehículo puede ser **Tipo 1 o Tipo 2**, y el que se conecta al punto de carga generalmente será **Schuko** (imagen superior izquierda) o **Cetac de color azul** (imagen superior derecha) para tomas de corriente industriales o de cámping de **hasta 7,4 kW a 32 A**.

Existen también cargadores portátiles para cargas semirrápidas con conector **Cetac de color rojo** para la conexión al punto de carga (imagen inferior) que permiten cargar en corriente alterna trifásica **entre 11 kW y 22 kW**, a 16 A y 32 A, respectivamente.

La potencia de carga de estos cargadores se puede regular manualmente.

2.7 **Cables y adaptadores**

El cable de carga es el accesorio que necesitamos para conectar nuestro vehículo a un punto de carga y poder recargar la batería. En esta carga se emplea el **modo de carga 2**. Debido a las diferentes posibilidades y situaciones con que nos podemos encontrar, resulta esencial conocer bien cuáles necesitaremos según sea el uso que le vamos a dar a nuestro vehículo eléctrico.

Los cables se diferencian según el **tipo de corriente** (corriente alterna o corriente continua), la **potencia de carga** (kW) y el tipo de **conector o conectores** que lleva (Tipo 1, Tipo 2, Cetac, etc.).

Por norma general deberemos llevar en el vehículo un conjunto de cables y adaptadores que nos aseguren la carga del vehículo en las distintas situaciones que podamos encontrarnos (un trayecto largo, uso de puntos de recarga públicos...).

A continuación, podrás ver los diferentes cables de carga que podrás encontrar en el mercado.

Cable Tipo 2 para los puntos de carga públicos o para un *wallbox* propio con enchufe

En el **lado que se conecta al vehículo**, este cable podrá tener un conector **Tipo 1** (imagen izquierda) **o Tipo 2** (imagen derecha), y **en el lado que se conecta al punto de recarga será siempre Tipo 2** ("Mennekes"). Podrá ser para corriente **monofásica**, para cargas de **hasta 7,4 kW** de potencia (conector **Tipo 1 o Tipo 2**), o para corriente **trifásica**, para cargas de **hasta 22 kW** de potencia (**únicamente con el conector Tipo 2**).

Suelen tener una longitud de 5 metros.

Adaptadores

A continuación, puedes ver todos los tipos de conectores que puedes usar con un cargador portátil, según la tensión, la intensidad y la potencia aceptadas:

Tipo de conector	Tensión (V)	Intensidad (A)	Potencia (kW)
Cetac azul	230 V[30]	De 6 A a 16 A	De 1,4 kW a 3,7 kW
		De 6 A a 32 A	De 1,4 kW a 7,4 kW
Cetac rojo	400 V[31]	De 6 A a 16 A	De 4,1 kW a 11 kW
		De 6 A a 32 A	De 4,1 kW a 22 kW
Schuko	230 V[32]	De 6 A a 16 A	De 1,4 kW a 3,7 kW

---

[30] Corriente alterna monofásica.

[31] Corriente alterna trifásica.

[32] Corriente alterna monofásica.

Adaptador de enchufe Schuko de 16 A macho (3,7 kW, 230 V) a conector Cetac azul de 16 A monofásico hembra (3,7 kW, 230 V).

Adaptador de toma de corriente Cetac roja de 16 A trifásica macho, del que solo toma corriente de una fase (11/3 = 3,7 kW, 230 V), a conector Cetac azul de 16 A monofásico hembra (3,7 kW, 230 V).

Adaptador de toma de corriente Cetac roja de 32 A trifásica macho, del que solo toma corriente de una fase (22/3 = 7,4 kW, 230 V), a conector Cetac azul de 32 A monofásico hembra (7,4 kW, 230 V).

Adaptador de enchufe Schuko de 16 A macho (3,7 kW, 230 V) a conector Cetac azul de 16 A monofásico hembra (3,7 kW, 230 V).

Adaptador de enchufe Schuko de 16 A macho (3,7 kW, 230 V) a conector Cetac rojo de 16 A trifásico hembra, al que solo se conecta una fase (11/3 = 3,7 kW, 230 V).

Adaptador de toma de corriente Cetac roja de 16 A trifásica macho (11 kW, 400 V) a conector Cetac rojo de 32 A trifásico hembra (solo se aprovechan los 11 kW, a 400 V).

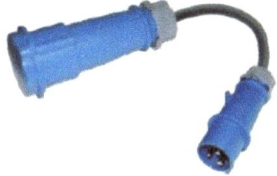

Adaptador de toma de corriente Cetac azul pequeña de 16 A monofásica macho (3,7 kW, 230 V) a conector Cetac azul grande de 32 A monofásico hembra (solo se aprovechan los 3,7 kW, a 230 V).

Para conectarse a todas las tomas de corriente disponibles y poder cargar en cualquier sitio, es imprescindible llevar en el vehículo los adaptadores de la tabla anterior, según cada caso. La compañía V2C dispone de una completa gama de accesorios para usar con el cable de carga o con el cargador portátil, y que puedes <u>consultar en su página web</u>.[33]

---

[33] V2C, «Accesorios», s/f, http://www.evportable.com/es/accesorios-punto-recarga-portatil.

Cable prolongador para corriente monofásica y para corriente trifásica

Para poder conectarse a una toma de corriente alejada de donde tengamos estacionado nuestro vehículo eléctrico (una casa rural, una toma en un cámping, etc.), deberemos disponer de un cable alargador de 15, 20 o 25 metros de longitud para poder cargar, ya sea en corriente monofásica (imagen izquierda, en una toma Schuko) como en corriente trifásica (imagen derecha, en una toma industrial).

2.8 Dónde puedes cargar

A diferencia de los vehículos con motor de combustión, en los que el proceso de repostaje se efectúa en pocos minutos y en un lugar destinado a ello (la estación de servicio), los vehículos eléctricos disponen de dos características propias que los hacen únicos:

- La velocidad de carga es más lenta que el repostaje en los vehículos de combustión, pudiendo necesitar varias horas para aumentar la autonomía en 100 o 200 km cuando se carga a baja potencia en casa, por ejemplo.

- La infraestructura para la recarga existe prácticamente en cualquier lugar, y esto permite que un vehículo eléctrico pueda recargarse en casa durante la noche, en un enchufe industrial, en un cámping, en una electrolinera (estación de carga para vehículos eléctricos ubicada en la vía pública: en centros comerciales o de ocio, en gasolineras, en garajes públicos, en autopistas...), etc.

Esto último propicia que se produzca un tipo de carga que se denomina **desatendida**, o lo que es lo mismo, *mientras realizas otras tareas*, como trabajar, dormir, comprar, etc. Esta se da en lugares como el trabajo, en casa, en un hotel, en un centro comercial...

Por el contrario, cuando la carga se produce en el menor tiempo posible y no podemos dedicarnos a otras tareas, se la define como **atendida**. Esta es la que realizamos en las estaciones de carga rápida como en los *Superchargers* de Tesla, en las estaciones de Zunder, de Iberdrola, etc.

La mayor parte de las cargas que se llevan a cabo son desatendidas, puesto que es la manera en que los vehículos pasan la mayor parte del tiempo. En las cargas atendidas normalmente el usuario del vehículo eléctrico debe esperar (leyendo o tomando algo) el tiempo necesario que le permita recuperar la autonomía para llegar a destino o al siguiente punto de carga. En este caso lo prioritario es asegurar un nivel de carga suficiente en el menor tiempo posible.

A continuación, podrás ver con todo detalle cada situación o lugar donde podrás cargar tu vehículo eléctrico:

1. La carga en casa.
2. La carga en el trabajo.
3. La carga en un viaje.
4. La carga en la vía pública.
5. La carga en establecimientos.

La carga en casa

La carga en casa es la más económica de todas (exceptuando los puntos de carga gratuitos) y la más cómoda y práctica con diferencia. Normalmente se instala un punto de recarga en la pared (*wallbox*) que incorpora ya el cable de carga, eliminando la necesidad de tener que sacar del coche el cable portátil.

Además, la mayoría de los fabricantes suelen ofrecer la función de control dinámico de carga, que permite limitar la potencia de carga en función del consumo de energía en la vivienda. El punto de carga le indica al vehículo a qué potencia debe cargar en cada momento, evitando así que se exceda la potencia contratada y que se produzcan cortes de suministro al usar varios aparatos a la vez (lavadora, calefacción eléctrica, etc.).

Otra de las funcionalidades de este tipo de dispositivos es que permiten monitorizar constantemente la cantidad de energía (kWh) que ha consumido nuestro vehículo durante un tiempo determinado, permitiendo calcular el coste mensual, las horas que estamos cargando...

Si tenemos contratado un servicio de suministro eléctrico con discriminación horaria (detalladas en la sección 2.9 Cuánto cuesta cargar), podremos programar la carga dentro del periodo valle.

Y si además tenemos dispositivos de producción de energía renovable instalados (solar y/o minieólica), podremos realizar una gestión de la energía de manera completa, integrada y controlada.

Y por último, queda añadir a todo lo anterior la posibilidad de implementar la tecnología V2G/V2H (sección 1.4 del libro), la cual nos va a permitir suministrar energía de la batería del coche a la vivienda en los momentos en que no se esté cargando y cuando la energía eléctrica es más cara, permitiendo ahorrar dinero en la factura eléctrica.

De todos modos, esta tecnología aún se encuentra en fase de desarrollo comercial y no hay apenas opciones disponibles a fecha de hoy (año 2024).

La velocidad de carga es lenta, normalmente entre 10 A (2,3 kW) y 32 A (7,4 kW) a 230 V **en corriente alterna monofásica**, que es lo más habitual en instalaciones domésticas. Esto nos permite cargar entre 13 km y 41 km por cada hora (78 y 246 km en 6 horas), en función de la potencia contratada, lo cual puede ser insuficiente para los usuarios que recorran muchos kilómetros diariamente. En este caso, será imprescindible incrementar el tiempo de carga aunque se cargue fuera de la tarifa valle o supervalle, pudiendo incrementar la autonomía entre 130 y 410 km en 10 horas de carga.

En función del coste de la energía que tengamos contratada, puede ser preferible cargar también fuera del periodo económico y no aumentar la potencia contratada, ya que esto lleva asociados unos costes de gestión.

Consulta la sección 2.9 Cuánto cuesta cargar para conocer más detalles.

Se pueden distinguir cinco situaciones en las que se puede recargar un vehículo eléctrico cuando estás en casa:

1. Si vives en una casa de campo o unifamiliar con plaza de garaje propia.
2. Si vives en un bloque de viviendas con garaje comunitario propio dentro de dicho edificio.
3. Si tienes una plaza de garaje propia ubicada en otro bloque de viviendas distinto.
4. Si tienes una plaza de garaje alquilada.
5. Si aparcas en la calle y no dispones de plaza de garaje propia.

1. Si vives en una casa de campo o unifamiliar con plaza de garaje propia

Este es el caso más sencillo de todos, puesto que casi siempre existirá una toma de corriente Schuko disponible que podrá ser suficiente para recargar la batería en una sola noche para los usuarios que recorran menos kilómetros diarios. Para los casos en que se necesite recargar a mayor potencia, se deberá instalar un punto de recarga de pared o *wallbox*, y así beneficiarse de las ventajas más arriba enumeradas.

Decir que en este tipo de viviendas no es necesario comunicar la instalación del punto de carga a nadie ni pedir permisos, siendo por tanto el caso más sencillo de todos.

2. Si vives en un bloque de viviendas con garaje comunitario propio dentro de dicho edificio

Esta situación plantea dos posibilidades: conectar el *wallbox* a la instalación eléctrica de nuestra vivienda, empleando el mismo contador de energía y debiendo realizar una instalación a través de paredes y forjados hasta llegar a nuestra plaza de garaje, o bien llevar a cabo una instalación específica con su contador dedicado desde los contadores comunitarios del párking.

El primer caso solo requiere informar a la comunidad de vecinos, y el segundo caso podría requerir, además, de la aprobación de los vecinos en función de dónde instalemos el contador. En este caso tendremos un nuevo contrato de potencia específico, por lo que sale más caro.

Los primeros usuarios tendrán espacio físico para realizar su instalación desde su vivienda, pero conforme se vayan instalando más puntos de carga en las demás plazas, va a ser preciso derivar las nuevas instalaciones desde los contadores comunitarios del párking por falta de espacio físico para realizar la instalación desde las viviendas.

3. Si tienes una plaza de garaje propia ubicada en otro bloque de viviendas distinto

En este caso, será imprescindible realizar una instalación eléctrica específica con su propio contador desde los contadores comunitarios del párking, debiendo contar con la aprobación de los vecinos según dónde instalemos el contador. Y como en el caso anterior, se tendrá un nuevo contrato de potencia para el vehículo eléctrico.

4. Si tienes una plaza de garaje alquilada

Aquí deberemos contar con el permiso explícito del propietario de la plaza de garaje. Existen múltiples fórmulas, siempre previo acuerdo con el propietario, como son el alquiler del *wallbox*, pagar la instalación a medias, que el propietario de la plaza de garaje asuma el coste de la instalación y deje el wallbox como servicio adicional de la plaza cuando la abandonemos, o bien pagarlo todo el propietario del vehículo para luego desinstalar el equipo si abandona la plaza de garaje. En cualquier caso, y llegado el momento, se debería realizar un estudio personalizado de las opciones disponibles.

5. Si aparcas en la calle y no dispones de plaza de garaje propia

Este escenario se corresponde con la carga en la vía pública y en establecimientos (cines, centros comerciales, etc.), y **es la peor de las situaciones de carga posibles cuando estamos en casa**, puesto que, por ahora (año 2024) no existe una red de carga pública generosa en todas las ciudades. Si dependemos de los puntos de carga públicos, puede que no siempre estén libres y sea realmente complicado y tedioso cargar nuestro vehículo eléctrico. Además, las instalaciones de los puntos de carga en propiedad efectuadas en la vía pública son las más complejas y costosas de todas, ya que se han de solicitar los permisos de obra en la vía pública.

Los usuarios que no disponen de un punto de carga propio suelen aprovechar siempre sus desplazamientos a supermercados, centros comerciales y de ocio, hoteles, etc., para recargar su vehículo eléctrico, por ejemplo, mientras hacen la compra, van al cine o duermen fuera de casa. Una de las ventajas de este tipo de cargas es que suelen ser gratuitas, ya que van asociadas a haber realizado un consumo en el establecimiento donde estacionas. Otras veces tienes que pagar una cuota por estacionar en un párking público, lo que te da acceso a recargar todo el tiempo que necesites.

La desventaja principal de este modo de recarga es que puede resultar muy difícil cargar suficientemente la batería, por lo que es muy probable que resulte inviable en algunos casos.

Otra de las desventajas es que, aunque en un principio pueda parecer que sale más económico porque te ahorras el coste de un *wallbox*, a la larga sale más caro porque las recargas públicas son bastante más caras que las realizadas en el hogar.

Para finalizar este apartado, quiero citar el vídeo publicado por **Juan Vidal en su canal de YouTube**,[34] en el que da un repaso en profundidad a varios modelos de puntos de recarga disponibles en el mercado, con la colaboración de **Toni Clar** de **Ambit Energía**.

---

[34] Canal de YouTube de Juan Vidal Haces, «PDRs Domésticos. ¿Qué elegir?», 16 de mayo de 2021, https://www.youtube.com/watch?v=fRN75jXjKfE.

La carga en el trabajo

La recarga en el lugar de trabajo puede plantearse bajo dos escenarios posibles:

1. Cuando la empresa dispone de un punto de carga dedicado (un *wallbox* o poste de carga específicos) o simplemente de un enchufe Schuko o Cetac.

2. Cuando el punto de carga es público y se encuentra cerca de la empresa.

Los puntos de carga de las empresas se suelen reservar únicamente a los trabajadores y visitantes de la misma, dependiendo de cada caso si se cobra o no por el servicio prestado. En el segundo caso, lo más habitual es que sea de pago y lo podamos localizar a través de sitios web como Electromaps.com.

La carga en un viaje

Durante un viaje se da la carga atendida, como se ha expuesto más arriba. Normalmente se trata de estaciones de carga en corriente continua (electrolineras), como los *Superchargers* de Tesla o los puntos de carga de Zunder, los de Cepsa, Iberdrola, Endesa X, etc., aunque también podemos encontrar puntos de carga semirrápida a 22 kW ubicados en estaciones de servicio.

También se puede cargar un vehículo eléctrico cuando paramos a comer en un área de servicio o en un restaurante, o bien si tenemos que dormir en un hotel.

Todos los casos están asociados a un pago por tarjeta por los kilovatios hora que cargues, excepto en los que haces uso de los servicios del establecimiento (restaurante, tienda...), que suelen ser gratuitos.

Estos puntos de carga generalmente estan vinculados a la web Electromaps.com.

La carga en la vía pública

La carga en la vía pública se da cuando usas los puntos de carga ubicados en los párkings públicos o en las plazas de estacionamiento a pie de calle, ya sean gratuitos o de pago. Este tipo de recarga puede que sea el método habitual de carga para todas aquellas personas que no dispongan de garaje particular.

Normalmente estos puntos están vinculados a la web Electromaps.com, por lo que a través de esta plataforma podemos conocer la potencia de carga disponible, el número de conectores y su precio (si no es gratuito).

Por normativa, los puntos de recarga públicos deben disponer como mínimo de una toma Tipo 2 "Mennekes", siendo habitual ver también en combinación tomas Schuko para cargas lentas. Para recargar en estos puntos es necesario disponer de un cable de carga portátil propio Tipo 2 en el lado del punto de carga, aunque también puedes usar el cargador portátil del coche para las tomas Schuko como solución de emergencia.

La carga en establecimientos

Este tipo de carga se da cuando estacionas en el párking particular de un establecimiento público en el que te permiten cargar de forma gratuita por usar sus servicios: cines y teatros, hoteles, centros comerciales, etc.

2.9 Cuánto cuesta cargar

Hay dos motivos por los cuales moverse en vehículo eléctrico es **más barato** que hacerlo con un coche de combustión: la **mayor eficiencia del motor eléctrico** y el **coste de la electricidad**. Un vehículo eléctrico es alrededor de tres veces más eficiente que uno con motor de combustión: es decir, necesita tres veces menos energía para recorrer el mismo trayecto.

Para calcular cuánto nos va a costar cargar nuestro vehículo eléctrico, deberemos **tener en cuenta la cantidad de energía almacenada** en la batería (kWh) **y el coste** de esta (€/kWh).

Podemos tener las siguientes **situaciones**:

1. **Carga gratuita** (se da cuando cargamos en establecimientos públicos donde nos permiten cargar sin coste por usar sus servicios, como puede ser en un centro comercial, un supermercado, un concesionario, un cine, un hotel, etc.).

2. Cuando tenemos el vehículo estacionado en nuestra plaza de garaje y **conectado a la instalación eléctrica de nuestra vivienda** (el coste dependerá de la tarifa que tengamos contratada).

3. Cuando tenemos el vehículo estacionado en una plaza de garaje, pero **no conectado a la instalación eléctrica de nuestra nuestra vivienda** (tendremos que pagar un contrato nuevo específico, por lo que sale más caro que el caso anterior).

4. Cuando cargamos en un **punto de carga público de pago**. En este caso el pago suele realizarse mediante nuestra tarjeta de crédito, asociada a un proveedor (como Iberdrola, por ejemplo) o a un sitio web de puntos de recarga (como Electromaps.com, Chargemap.com o Chargeandparking.es).

Cuando cargamos en casa (situación 2 y situación 3), el coste de la energía va a depender del **tipo de tarifa** que tengamos contratada.

Las tarifas eléctricas pueden ser de dos tipos:

- **Tarifa del mercado regulado o PVPC** (precio voluntario para el pequeño consumidor), que ofrece un precio del kilovatio hora diferente para cada hora del día. Este irá en función de la oferta y la demanda existente en el mercado eléctrico.

- **Tarifa del mercado libre**, cuyos precios son fijados por cada comercializadora eléctrica.

A su vez, estas tarifas pueden presentarse **sin discriminación horaria o con discriminación horaria**. Las tarifas sin discriminación aplican un único precio para cada kilovatio hora consumido a cualquier hora del día, pero mientras el precio de la tarifa PVPC cambia cada día, el de la tarifa del mercado libre se mantiene constante durante la duración del contrato.

Las tarifas con discriminación horaria aplican, **desde el día 1 de junio de 2021, tres periodos distintos para el consumo (punta, llano y valle) y dos periodos para la potencia (punta y valle)**. Esta nueva tarifa, denominada **2.0 TD**, que aplica cuando tenemos una potencia contratada igual o inferior a **15 kW**, ha sustituido a las antiguas 2.0 (para potencias contratadas de hasta 10 kW) y 2.1 (para potencias de entre 10 y 15 kW) en todas sus modalidades (A, DHA y DHS), y **ha modificado los horarios y los precios**.

La nueva distribución de los tres periodos de consumo queda de la siguiente forma:

- **Horario punta (P1).** Se distribuye **de lunes a viernes** los días laborables, **de 10:00 a 14:00 y de 18:00 a 22:00** (un total de 8 horas).

- **Horario llano (P2).** Se distribuye **de lunes a viernes** los días laborables, **de 8:00 a 10:00, de 14:00 a 18:00 y de 22:00 a 0:00** (un total de 8 horas).

- **Horario valle (P3).** Se distribuye **de lunes a viernes** los días laborables, **de 0:00 a 08:00** (un total de 8 horas), y los **fines de semana y festivos nacionales las 24 horas**.

Los periodos para la potencia se reparten del siguiente modo:

- **Potencia punta.** Se aplica a los **horarios punta (P1) y llano (P2)**.
- **Potencia valle.** Se aplica al **horario valle (P3)**.

La siguiente tabla[35] muestra los precios[36] y horarios[37] de la tarifa 2.0 TD:

	Horarios		Precio de electricidad consumida (€/kWh)	Precio de potencia contratada (€/kW/año)
	Laborables	S-D y festivos		
Punta (P1)	10 – 14 h (4 horas)	-	0,133118	
	18 – 22 h (4 horas)			
Llano (P2)	8 – 10 h (2 horas)	-	0,041772	30,67266
	14 – 18 h (4 horas)			
	22 – 24 h (2 horas)			
Valle (P3)	0 – 8 h (8 horas)	0 – 24 h (24 horas)	0,006001	1,424359

---

[35] Información facilitada por Próxima Energía, https://www.proximaenergia.com.

[36] Los precios de la tabla son sin impuestos, y se debe añadir el coste de la energía y el margen de comercialización.

[37] En Ceuta y Melilla el horario punta (P1) se retrasa una hora.

Esto nos deja ver lo siguiente:

- El coste por kilovatio hora de consumo ha aumentado mucho, pero el de la potencia contratada ha bajado bastante, sobre todo el que está relacionado con la potencia valle. **El coste medio final de la electricidad consumida en el periodo punta (P1) es de 0,24262 €/kWh, el del periodo llano (P2), de 0,15289 €/kWh, y el del periodo valle (P3), de 0,11484 €/kWh.**

- **El coste final de la potencia contratada con impuestos incluidos** (5,113 % del impuesto eléctrico más el 21 % del IVA),[38] es de **38,682212 €/kW/año** en el periodo punta (P1) y llano (P2), y de **1,796302 €/kW/año** en el periodo valle (P3).

- Ahora se puede contratar, subir o bajar la potencia eléctrica en múltiplos de 0,1 kW (solo un cambio al año, dos de forma excepcional para 2021).

- Si tenemos una potencia de 4,4 kW o más, podemos reducirla para los horarios punta (P1) y llano (P2) para ahorrar en la factura, limitando eso sí el consumo instantaneo que podemos tener durante esas horas.

- En cambio, podemos aumentar la potencia contratada para el horario valle (P3) si tenemos previsto concentrar el consumo de todos los aparatos eléctricos de mayor potencia. **Esto beneficia especialmente a los usuarios de vehículo eléctrico, ya que permitirá cargar a mayor velocidad a un coste por kilovatio contratado muy inferior al que teníamos antes con las anteriores tarifas.**

- Reduciendo la potencia contratada para los horarios punta (P1) y llano (P2) y aumentando la potencia contratada para el horario valle (P3), se puede conseguir que la factura apenas varíe su cuantía, con la ventaja de que se puede cargar más rápido el vehículo eléctrico.

---

[38] Información facilitada por Próxima Energía, https://www.proximaenergia.com.

- Hay que tener en cuenta que estas variaciones en la potencia contratada pueden conllevar un coste. Tanto para aumentar como para disminuir la potencia contratada la distribuidora nos cobrará 9,04 € (sin impuestos),[39] en concepto de derechos de enganche. Será gratuito para el primer cambio.

- Toda instalación tiene asociada una potencia máxima que se puede contratar, que viene indicada en el boletín de la instalación. Si hace menos de tres años se ha bajado la potencia contratada y ahora la queremos volver a subir, en ese caso no se nos va a cobrar.

- Pero **si han transcurrido más de tres años** desde que se hicieron esos cambios, **o si se pretende aumentar la potencia a un valor que nunca se ha contratado con anterioridad, entonces se nos cobrarán los derechos de acometida**.

Puedes conocer el caso particular de Juan Vidal Haces en un vídeo publicado en su canal de YouTube.[40]

Por tanto, salvo que usemos un punto de carga gratuito, el coste más bajo posible para la recarga de un vehículo eléctrico lo tendremos al cargar en casa. **En estos casos podemos decir que en general el coste de recorrer 100 km estará entre 1,5 y 2,5 € (teniendo en cuenta únicamente el coste de la energía tomada de la red).**

Vamos con un ejemplo. Supongamos que queremos cargar **40 kWh** de la batería de nuestro coche eléctrico. Esto conllevaría los siguientes costes según los datos de la tabla anterior, teniendo en cuenta la tarifa 2.0 TD y el periodo en el que se esté cargando:

- **En el periodo valle (P3)**, considerando un precio medio del kilovatio hora de 0,11484 €, costaría **4,59 €** (0,11484 x 40).

---

[39] Información facilitada por Próxima Energía, https://www.proximaenergia.com.

[40] Canal de YouTube de Juan Vidal Haces, «Nuevas Tarifas eléctricas. Nos afecta a la carga del Tesla Model 3?», 20 de junio de 2021, https://www.youtube.com/watch?v=2iLTpQSPDSE&list=WL&index=6.

- **En el periodo llano (P2)**, considerando un precio medio del kilovatio hora de 0,15289 €, cuesta **6,12 €** (0,15289 x 40).

- **En el periodo punta (P1)**, considerando un precio medio del kilovatio hora de 0,24262 €, cuesta **9,71 €** (0,24262 x 40).

Hay compañías eléctricas en el mercado libre que ofrecen una tarifa única durante todo el día, con un precio medio de unos 0,15 €/kWh. Esto permite cargar el vehículo eléctrico evitando el elevado coste del kilovatio hora dentro del horario punta (P1), pero, a cambio, no podremos beneficiarnos de las ventajas de cargar dentro del horario valle (P3), con lo que aumentará bastante el importe de la factura eléctrica.

Para conocer el coste de recorrer 100 kilómetros con un vehículo eléctrico cargando en casa, vamos a comparar los distintos precios vistos arriba con cuatro valores de consumos medios diferentes:

Consumo medio (kWh/100 km)	Precio de la energía (€/kWh)		
	0,11484 (P3)	0,15289 (P2)	0,24262 (P1)
15 kWh/100 km	1,72 €/100 km	2,29 €/100 km	3,64 €/100 km
17 kWh/100 km	1,95 €/100 km	2,60 €/100 km	4,12 €/100 km
20 kWh/100 km	2,30 €/100 km	3,06 €/100 km	4,85 €/100 km
25 kWh/100 km	2,87 €/100 km	3,82 €/100 km	6,07 €/100 km

Estos valores corresponden a los costes directos de la energía eléctrica consumida para cargar la batería de nuestro vehículo eléctrico, pero hay que contemplar otro factor más, la **potencia contratada**, que es **determinante a la hora de poder cargar más rápidamente**.

Dependiendo de los kilómetros que tengamos que recorrer cada día, deberemos modificar o no la potencia eléctrica contratada, ya que va a ser principalmente por la noche, en el periodo valle (P3), cuando repongamos la energía usada desde la última recarga.

¿Pero qué ocurre **si en una noche no podemos cargar la batería lo suficiente**? En este caso **tendremos que aumentar irremediablemente la potencia contratada**, que representa un coste fijo mensual independientemente del consumo efectuado.

En un piso, de una toma de corriente Schuko dispondremos de una intensidad de **12 A** para recargar nuestro vehículo eléctrico sin sobrecalentar la red, por lo que la potencia de carga será de **2,76 kW** (o 2 760 W = 230 x 12). En un **chalet o vivienda unifamiliar**, en cambio, el punto de carga habitualmente suele trabajar a una intensidad de **16 A**, por lo que la potencia de carga asciende a **3,60 kW**. En ambos casos se puede aumentar la potencia disponible instalando un punto de carga inteligente, o *wallbox*.

Así, si vivimos **en un piso** y disponemos de una potencia de carga máxima de 2,76 kW en un enchufe Schuko, **para cargar los 40 kWh** del ejemplo anterior **serán necesarias unas 14,5 horas** (40/2,76). Este tiempo es mayor que el del periodo valle (P3) en días laborables, que es de 8 horas, por lo que tendríamos que cargar también dentro del periodo llano (P2) y del periodo punta (P1), que son más caros.

En este caso, **habría que aumentar la potencia contratada en el periodo valle (P3) hasta un mínimo que nos permita recargar la energía que necesitamos en nuestra batería durante las 8 horas de dicho periodo**. Instalando un *wallbox* y aumentando la potencia media de carga al doble (5,52 kW), el tiempo de recarga se reduciría a 7,3 horas (40/5,52).

Si tuviéramos que cargar sólo 20 kWh/día, **con la potencia de 2,76 kW disponibles se necesitarían 7,3 horas para recargar esa energía** (20/2,76). No habría pues que aumentar en este caso la potencia contratada, puesto que dentro del periodo valle (P3) podríamos completar dicha carga.

Por tanto, con la nueva tarifa 2.0 TD resulta muy interesante aumentar la potencia contratada en el periodo valle (P3) en los casos en que sea necesario, ya que su coste es muy inferior en este periodo.

A continuación, expongo una tabla donde se reflejan las horas de carga necesarias en función de la energía introducida en la batería y de la intensidad de carga (la tensión tiene un valor constante de 230 V):

Intensidad (A)		Batería (kWh)						
		50	40	30	20	15	10	5
16		13,6	10,9	8,2	5,4	4,1	2,7	1,4
15		14,5	11,6	8,7	5,8	4,3	2,9	1,4
14		15,5	12,4	9,3	6,2	4,7	3,1	1,6
13		16,7	13,4	10,0	6,7	5,0	3,3	1,7
12	Tiempo de carga (h)	18,1	14,5	10,9	7,2	5,4	3,6	1,8
11		19,8	15,8	11,9	7,9	5,9	4,0	2,0
10		21,7	17,4	13,0	8,7	6,5	4,3	2,2
9		24,2	19,3	14,5	9,7	7,2	4,8	2,4
8		27,2	21,7	16,3	10,9	8,2	5,4	2,7
7		31,1	24,8	18,6	12,4	9,3	6,2	3,1
6		36,2	29,0	21,7	14,5	10,9	7,2	3,6

Por último, vamos a comparar los costes de un coche eléctrico con uno de combustión de características similares. Para ello voy a plantear dos situaciones:

A. Nuestro punto de carga está **conectado a la instalación eléctrica de nuestra vivienda**.

B. Nuestro punto de carga **no está conectado a la instalación eléctrica de nuestra vivienda**.

En la situación A no tendremos en cuenta el coste de la potencia contratada, puesto que el coste de esta es independiente a las cargas que realicemos y ya aplica a nuestra instalación.

En la situación B sí tendremos en cuenta el coste de la potencia contratada, ya que en estos casos se contrata un término de potencia específico para cargar nuestro vehículo eléctrico.

Comparativa de costes para la situación A (sin considerar la potencia contratada)

Vamos a comparar los costes derivados del desplazamiento diario para ir al trabajo. Y vamos a imaginar que es un trayecto de **300 km recorridos a la semana** (solo incluidos los trayectos diarios habituales, los trayectos largos de momento no los tendremos en cuenta).

Todos los cálculos que vienen expresados a continuación se detallan en la sección 3.3 Haz tus cálculos.

Como ejemplo de coche con motor de combustión vamos a escoger un coche híbrido, un **Toyota Auris HSD** de 136 CV, con un consumo medio de **4,6 litros cada 100 kilómetros**. Para el precio de la gasolina vamos a considerar **1,25 €/L**. En este vehículo, pues, **recorrer 300 km a la semana tendría un coste de 17,25 €, o 69 € al mes o 759 € al año (11 meses)**.

Ahora comparemos ese coste con el que tendríamos con un coche eléctrico como el **Nissan Leaf de 40 kWh de batería** y 150 CV, que con un consumo medio de **18 kWh cada 100 kilómetros** y con un precio de la electricidad de **0,11484 €/kWh (en periodo valle de la tarifa 2.0 TD)**, el **coste de las recargas para recorrer 300 km a la semana sería de 6,20 €, o 24,80 € al mes o 272,80 € al año (11 meses)**.

Con una potencia de carga de 2,76 kW, disponibles en casa en un enchufe Schuko de 12 A, **se necesitarían unas 4 horas cada día para recargar la autonomía necesaria**. Esto es así porque si por cada 100 km recorridos el Nissan consume 18 kWh, para recorrer los 300 km consumirá 54 kWh (18 x 3), que, divididos entre los cinco días laborables de una semana, da un resultado de **10,80 kWh a cargar (reponer) cada día**. Y si repartimos esta energía entre la potencia disponible para recargar la batería, tendremos que se necesitan 3,91 horas (10,80/2,76).

A continuación, agrupo en dos tablas todos los datos de la comparativa de costes con conexión a nuestra instalación eléctrica sin considerar la potencia contratada (suponiendo en un caso 300 km semanales y en otro 1 200 km a la semana, que equivalen a 52 800 km en once meses):

Datos del cálculo	Coste coche de combustión	Coste coche eléctrico	Ahorro
300 km/semana	17,25 €/semana	6,20 €/semana	**11,05 €/semana**
1,25 €/L (gasolina) 0,11484 €/kWh	69,00 €/mes	24,80 €/mes	**44,20 €/mes**
(2.0 TD)	759,00 €/año	272,80 €/año	**486,20 €/año**

Datos del cálculo	Coste coche de combustión	Coste coche eléctrico	Ahorro
1 200 km/semana	69,00 €/semana	24,80 €/semana	**44,20 €/semana**
1,25 €/L (gasolina) 0,11484 €/kWh	276,00 €/mes	99,20 €/mes	**176,80 €/mes**
(2.0 TD)	3 036,00 €/año	1 091,20 €/año	**1 944,80 €/año**

Comparativa de costes para la situación B (considerando la potencia contratada)

Vamos a repetir ahora los cálculos de los dos casos anteriores, pero teniendo en cuenta esta vez el coste de la potencia contratada, que como ya sabemos, existe la posibilidad de tener dos potencias contratadas distintas.

Al coste mensual de energía eléctrica consumida calculado anteriormente, debemos añadir el coste de la potencia contratada, que se realiza **multiplicando el precio del kilovatio por el número de kilovatios contratados, dividiéndolo luego por 365 o 366** (en función de los días del año) **y multiplicándolo por 28, 29, 30 o 31** (según el periodo de facturación).

He elegido las siguientes potencias por ser las más habituales en la mayoría de los hogares, y he aplicado el precio de la potencia contratada del periodo valle (P3), que es de **1,796302 €/kW/año**:

- **Con 3,45 kW contratados**, el coste de la potencia contratada es de **0,51 €/mes**.

- **Con 4,60 kW contratados**, el coste de la potencia contratada es de **0,68 €/mes**.

- **Con 5,75 kW contratados**, el coste de la potencia contratada es de **0,85 €/mes**.

Los costes energéticos con el coche de combustión y con el coche eléctrico son los mismos que en el caso anterior (situación A).

La comparativa de costes sin conexión a nuestra instalación eléctrica considerando la potencia contratada, para un uso de 300 kilómetros a la semana a lo largo de once meses quedaría de la siguiente manera:

Datos del cálculo	Precio de la potencia contratada	Coste total coche eléctrico	Ahorro
	0,51 €/mes	25,31 €/mes	**43,69 €/mes**
	0,68 €/mes	25,48 €/mes	**43,52 €/mes**
300 km/semana	0,85 €/mes	25,65 €/mes	**43,35 €/mes**
0,11484 €/kWh	5,61 €/año	278,41 €/año	**480,59 €/año**
(2.0 TD)	7,48 €/año	280,28 €/año	**478,72 €/año**
	9,35 €/año	282,15 €/año	**476,85 €/año**

Y recorriendo 1 200 kilómetros a la semana (52 800 km anuales), tendríamos los siguientes resultados:

Datos del cálculo	Precio de la potencia contratada	Coste total con el coche eléctrico	Ahorro
1 200 km/semana 0,11484 €/kWh (2.0 TD)	0,51 €/mes	99,71 €/mes	**176,29 €/mes**
	0,68 €/mes	99,88 €/mes	**176,12 €/mes**
	0,85 €/mes	100,05 €/mes	**175,95 €/mes**
	5,61 €/año	1 096,81 €/año	**1 939,19 €/año**
	7,48 €/año	1 098,68 €/año	**1 937,32 €/año**
	9,35 €/año	1 100,55 €/año	**1 935,45 €/año**

A los costes, tanto en el consumo de energía eléctrica (en el vehículo eléctrico) como el de gasolina (en el vehículo con motor de combustión), habría que añadir los costes correspondientes a los viajes extraordinarios en vacaciones, viajes puntuales no contemplados en los desplazamientos diarios, etc., y el coste de mantenimiento (ver detalles en la sección 1.2 Por qué comprar un vehículo eléctrico).

¿Y qué ocurre si cargo fuera de casa?

Aunque lo habitual sea cargar en casa, **hay momentos en los que utilizar un punto de carga público es necesario**. El servicio de carga público se cobra por cada kilovatio hora consumido, y varía según la potencia de carga y el proveedor de la energía, según puede verse en la tabla inferior. Por tanto, a no ser que utilicemos un punto de carga gratuito, **cargar tu coche eléctrico en un viaje es más caro que hacerlo en casa**.

Para poder calcular el coste de un trayecto **hay que tener en cuenta el precio de la recarga, la distancia a recorrer y el consumo medio** del vehículo eléctrico.[41]

Si el consumo viene indicado en Wh/km deberemos dividirlo entre 10 para conocer su valor en kWh/100 km, que es la unidad que suele emplearse. Así, **160 Wh/km equivale a 16 kWh/100 km**.

Para ese consumo medio, en las estaciones de carga semirrápida (de hasta 22 kW en corriente alterna trifásica) con un precio de 0,20 €/kWh, **recorrer 100 km tendrá un coste aproximado de 3,20 €** (0,20 x 16).

En las estaciones de carga rápida y ultrarrápida (electrolineras)[42] los **precios son mayores**, variando en función de la potencia de carga, como puede verse en el siguiente listado (tarifas vigentes en el año 2024):

Tesla:

- *Supercharger V2* (150 kW), clientes de Tesla: **0,39 €/kWh**.
- *Supercharger V3* (250 kW), clientes de Tesla: **0,43 €/kWh**.
- *Supercharger V2* (150 kW), no clientes de Tesla: **0,53 €/kWh**.
- *Supercharger V3* (250 kW), no clientes de Tesla: **0,58 €/kWh**.

Zunder:

- Hasta 50 kW, con suscripción de 9,99 €/mes: **0,39 €/kWh**.
- Más de 50 kW, con suscripción de 9,99 €/mes: **0,45 €/kWh**.
- Hasta 50 kW, sin suscripción: **0,42 €/kWh**.
- Más de 50 kW, sin suscripción: **0,55 €/kWh**.

---

[41] El valor del consumo medio puede variar mucho en función del modelo del vehículo, del modo de conducción, de la velocidad media, de las condiciones climatológicas, etc. En condiciones normales puede oscilar entre 14 y 18 kWh/100 km, pudiendo llegar a los 25 kWh/100 km (circulando a velocidades elevadas o en condiciones de mucho frío o lluvia) o a los 12 kWh/100 km (a bajas velocidades en vías urbanas).

[42] Cargacar, «Las electrolineras en España: ubicación, precios y cómo funcionan», 6 de junio de 2023, https://cargacar.com/noticias/que-es-electrolinera.

Iberdrola:

- *Plan Urbanita* en corriente alterna hasta 22 kW: **0,15 €/kWh**.
- *Plan Urbanita* en corriente continua hasta 50 kW: **0,45 €/kWh**.
- *Plan Urbanita* en corriente continua hasta 150 kW: **0,54 €/kWh**.
- *Plan Urbanita* en corriente continua hasta 320 kW: **0,69 €/kWh**.
- *Plan Aventurero* (320 kW), 40 kWh contratados: **13,95 €/mes**.
- *Plan Aventurero+* (320 kW), 80 kWh contratados: **26,95 €/mes**.

Endesa X:

- Recarga en corriente alterna hasta 22 kW: **0,50 €/kWh**.
- Recarga en corriente continua hasta 50 kW: **0,65 €/kWh**.
- Recarga en corriente continua hasta 150 kW: **0,65 €/kWh**.

Ionity:

- *Ionity Passport* (350 kW), por 5,99 €/mes: **0,49 €/kWh**.
- *Ionity Direct* (350 kW), sin suscripción: **0,69 €/kWh**.

Para hacerse una idea del coste que supone recorrer 100 kilómetros con un vehículo eléctrico cargando en puntos de carga públicos, vamos a comparar los precios de algunos de los proveedores de la tabla anterior con cuatro valores de consumos medios diferentes:

Consumo medio (kWh/100 km)	Precio de la energía (€/kWh)		
	0,15 €/kWh	0,45 €/kWh	0,69 €/kWh
15 kWh/100 km	**2,25 €/100 km**	**6,75 €/100 km**	10,35 €/100 km
17 kWh/100 km	**2,55 €/100 km**	7,65 €/100 km	11,73 €/100 km
20 kWh/100 km	**3,00 €/100 km**	9,00 €/100 km	13,80 €/100 km
25 kWh/100 km	**3,75 €/100 km**	11,25 €/100 km	17,25 €/100 km

En negrita he marcado los costes que son más económicos que en un vehículo de combustión estándar (que está en torno a los 6 o 7 €/100 km). Los vehículos eléctricos que consumen más de 20 kWh/100 km suelen ser también los más caros, pesados y potentes, por lo que para compararlos correctamente hay que considerar coches con motor de combustión de altas cilindradas y prestaciones, con un coste de entre 10 €/100 km y 15 €/100 km.

2.10 Consejos prácticos

Todos hemos escuchado en más de una ocasión que cuando te comprabas un móvil *había que* cargarlo la primera vez al 100 % o que *había que* cargarlo siempre cuando se agotara la batería, entre otros falsos mitos. Probablemente, debido a esos falsos mitos y a la experiencia de uso que tenemos en móviles y ordenadores portátiles, aún existe hoy en día el temor a que tengamos que cambiar la batería de nuestro vehículo eléctrico cada tres años. Pero nada más lejos de la realidad.

Aunque la electrónica del vehículo se encarga de proteger la química interna de las baterías, es muy importante seguir unos consejos para prolongar en la medida de lo posible su vida útil y que además tengamos las mejores prestaciones de autonomía. **Prolongar la vida útil de las baterías tiene un impacto muy positivo en el medio ambiente, ya que se evita el consumo de materias primas y las emisiones contaminantes que se derivan del proceso de extracción y fabricación.**

Toma buena nota de los siguientes consejos.

1. Mantén el nivel de batería entre el 20 % y el 70 %

Hay que tener en cuenta que para preservar la batería en las mejores condiciones y no acelerar su degradación prematura, hay que **evitar dos extremos: las descargas profundas y las cargas completas**, ya que producen una pérdida en la capacidad de la batería por el estrés causado a la misma.

Para prolongar la vida útil de la batería, el nivel de carga se ha de **mantener en la zona central, idealmente entre el 20 % y el 70 %, tratando de no descargar la batería por debajo del 10 % ni cargarla por encima del 90 %**. Por tanto, es mejor cargar un poco la batería cada día, en función de nuestras necesidades, que cargarla mucho cada vez.

Además, la velocidad de carga se ralentiza mucho al pasar del 80 %, y en especial cuando alcanzamos el 90 %, por lo que en un viaje esto alargará excesivamente los tiempos de carga, y por ende el tiempo total.

2. Realiza periódicamente un ciclo completo de carga y descarga de forma controlada (calibrado de la batería)

Cada cierto tiempo realiza un **ciclo completo de carga y descarga de forma controlada**, descargándola hasta el 1 % o el 2 % y cargándola **inmediatamente después hasta el 100 %**, momento en el que **detendremos la carga y comenzaremos a circular**.

Esta operación se denomina **calibrado de la batería**, y se hace para que el sistema de gestión sepa dónde tiene el punto inferior y el punto superior de carga y pueda calcular de forma correcta la capacidad total real de la batería, ya que con el tiempo se puede descalibrar. Recomiendo que veas el vídeo de **Jose** publicado en su canal de YouTube "**Tesla vlogs**",[43] ya que desarrolla este concepto y profundiza en las diferencias entre las baterías de Litio-Níquel-Cobalto-Aluminio (NCA) y las de Litio Ferro Fosfato (LFP).

3. Evita las cargas rápidas (excepto en viajes)

Para evitar el sobrecalentamiento haremos **cargas rápidas solo cuando sea necesario (en viajes)**, ya que presentan intensidades de corriente muy

---

[43] Canal de YouTube "Tesla vlogs" de Jose, «Ha fallado Tesla con su nueva batería LFP? Model 3 SR+ LFP de CATL vs Panasonic Teslavlogs Español», 30 de diciembre de 2020, https://www.youtube.com/watch?v=HY7vRbzfJI0&list=PLgELqHO8v6mdR7SqrvJzqadSCr6rqytDQ&index=1.

elevadas que provocan el calentamiento del sistema, uno de los peores enemigos de las baterías al afectar al proceso químico interno y generar riesgo de incendio y explosión.

4. Evita descargar por completo la batería (salvo que sea estrictamente necesario)

Si te encuentras viajando y sabes que no vas a llegar al siguiente punto de carga, **detente cuanto antes de manera segura y trata de buscar un enchufe lo más cercano que puedas**; puedes pedir ayuda a algún vecino, en una empresa, cualquier toma de corriente vale (siempre que tengamos los cables y adaptadores necesarios, según hemos visto en la sección 2.7 Cables y adaptadores).

Las descargas profundas degradan la batería y reduce su vida útil. Vale la pena alargar un poco el viaje realizando una pequeña carga lenta para poder llegar al siguiente punto de carga semirrápida o rápida, que quedarse tirado, con el peligro que esto supone para la integridad de la batería.

5. Evita cargar por completo la batería (salvo que sea estrictamente necesario)

Salvo que sea estrictamente necesario para poder llegar al siguiente punto de carga o a destino, **no se debe cargar la batería al 100 %** porque esto le genera un estrés interno importante y afecta a su vida útil. En caso de cargar al 100 %, inmediatamente después usaremos el vehículo para consumir algo de energía almacenada en la batería.

6. Programa la carga o mantenla durante toda la noche a la menor potencia posible

Es mejor que al llegar cada día a casa, o a destino, pongamos a cargar el vehículo inmediatamente a una intensidad (potencia) muy baja (8, 10 o 12 A), en función de nuestras necesidades, ya que **estas intensidades tan**

bajas son las más seguras al no recalentar la batería, manteniéndola a una temperatura de funcionamiento constante todo el tiempo y evitando que se enfríe y se tenga que volver a precalentar al volver a usar el vehículo.

Algunos coches eléctricos, como los de Tesla, pueden ser programados para que estén cargados al nivel de batería que queramos a una hora determinada, con la batería precalentada a 30 ºC (su temperatura de funcionamiento) y con el habitáculo preacondicionado a la temperatura deseada.

Dependerá de cada caso concreto, y de cada vehículo en particular, que podamos programar la carga a una hora concreta o lo dejemos cargando durante toda la noche, ya que si no necesitamos cargar muchos kilovatios hora probablemente tengamos que programar la carga para evitar que se quede muchas horas cargado al 100 %.

7. Programa la climatización del habitáculo antes de usar el vehículo

Una de las ventajas de los vehículos eléctricos es que en la mayoría de ellos se puede programar la climatización del habitáculo a la hora y a la temperatura que deseemos para preacondicionarlo. Esto es especialmente útil si el vehículo está estacionado a la intemperie.

Además, **si el vehículo está conectado a un punto de carga o a un enchufe, la energía empleada en preacondicionar el habitáculo no se consume de la batería y dispondremos por tanto de mayor autonomía.**

8. En un viaje es mejor hacer más paradas durante menos tiempo

Aunque resulte contradictorio, es mucho mejor cargar en puntos de carga rápida hasta el 70 %. **Cargar desde el 10 % o 20 % hasta el 70 % es más rápido que hacerlo hasta el 80 % o el 90 %, y sobre todo que hacerlo al 100 %, además de que la batería se degrada mucho menos.**

9. No compartas el mismo punto de carga con otro vehículo

Cuando llegues a una estación de carga rápida o semirrápida con dos puntos de conexión juntos (dos cables con conector CCS2 o dos enchufes Tipo 2), busca si es posible otro adyacente que esté vacío, puesto que **la potencia disponible se reparte entre los dos coches que estén usando a la vez ese punto de carga**. Esta es una recomendación que también sirve para los *Supercharger* de Tesla.

10. Minimiza la exposición a altas temperaturas

Las altas temperaturas aceleran la degradación de una batería, pudiendo provocar incluso un incendio o una explosión. Ha habido casos en que un simple teléfono móvil ha explotado tras arder como resultado de un sobrecalentamiento, ya sea por un sobrecalentamiento durante el proceso de carga o por haber estado expuesto al sol.

En el caso de los vehículos eléctricos, los fabricantes suelen incluir en sus manuales advertencias sobre las altas temperaturas y aconsejan **aparcar preferiblemente a la sombra o en lugares resguardados del sol**, o **mantener el vehículo enchufado durante las épocas de calor** para que pueda funcionar el sistema de refrigeración de la batería y mantener así su temperatura óptima de funcionamiento.

Además, todos los dispositivos electrónicos, vehículos eléctricos incluidos, tienen **medidas de seguridad para desconectar o limitar la potencia en casos de sobrecalentamiento** (esto es muy conocido en los Nissan Leaf circulando o realizando cargas rápidas en ambientes muy calurosos, momento en que el sistema se autoprotege, puesto que no dispone de refrigeración líquida de la batería).

11. Evita las temperaturas muy bajas, especialmente durante la carga

Las bajas temperaturas también afectan a la batería de iones de litio (NCA), y más aún a las de Litio Ferro Fosfato (LFP). Debido a su propia naturaleza de funcionamiento, **la autonomía de un vehículo eléctrico baja**

bastante en climas fríos, de ahí que el propio sistema de control de la batería la caliente y por ello el consumo de energía se dispare (reduciendo a su vez la autonomía). Por esto es tan **importante tener la batería a la temperatura de funcionamiento correcto** antes de conducir nuestro vehículo.

Asimismo, un vehículo que siempre esté estacionado en la calle en climas fríos sufrirá de una mayor degradación de la batería que otro que permanezca a cubierto a temperatura suave.

Para poner en contexto esta reducción de autonomía en un vehículo eléctrico en climas fríos, voy a basarme en el gráfico publicado por Volkswagen en una prueba realizada con el ID.3 en diferentes rangos de temperaturas extremas:

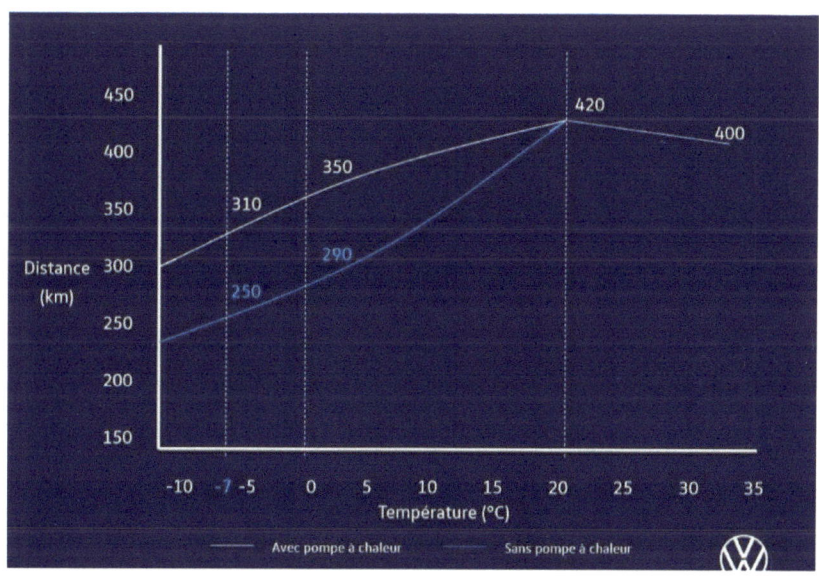

Fuente: artículo publicado por **Carlos Noya** en la página web Forococheselectricos.com.[44]

12. Comprueba siempre que el vehículo está cargando cuando lo conectes

Aunque parezca una obviedad, no son pocos los usuarios de vehículos eléctricos que, pese a haber conectado el cable correctamente, al regresar a por él se encuentran con que no se ha cargado. Ocurre cuando el vehículo detecta que algún parámetro de la instalación eléctrica no es correcto, como puede ser una conexión de toma de tierra deficiente.

Un buen ejemplo de esto es lo que ocurría en las primeras versiones del Renault ZOE, que requería que el punto de carga estuviera perfectamente instalado, mostrando frecuentes mensajes de error e impidiendo iniciar la carga.

Además, de seguir esta buena práctica podremos ver a qué potencia real está se cargando la batería y poder calcular así el tiempo que necesitamos para recuperar la autonomía necesaria y evitar contratiempos. Por tanto, **comprueba siempre que el vehículo está cargando cuando lo conectes**.

13. Planifica tus viajes con antelación

Uno de los aspectos más críticos a la hora de decidirse por la compra o alquiler de un vehículo eléctrico (que no sea de Tesla) es el relativo a los viajes (o desplazamientos de larga distancia). Esto es así porque, **sin una red de carga rápida y ultrarrápida suficiente, resulta imprescindible**

---

[44] Forococheselectricos.com, «Volkswagen publica un gráfico con la autonomía del ID.3 bajo diferentes temperaturas externas», 21 de enero de 2020, https://forococheselectricos.com/2020/01/volkswagen-publica-un-grafico-con-la-autonomia-del-id-3-bajo-diferentes-temperaturas-externas.html.

planificar muy bien y con antelación nuestra ruta para poder cargar la batería con garantías.

Esto se aparta mucho de lo que estamos acostumbrados a hacer actualmente con un vehículo con motor de combustión convencional, por lo que antes de iniciar un viaje con un vehículo eléctrico deberás seguir los siguientes consejos de manera cuidadosa:

1. **Prevé todas las paradas que deberás realizar para cargar la batería como máximo cada 200 km**, teniendo siempre en cuenta la autonomía real de tu vehículo eléctrico en condiciones reales de conducción (o el ciclo homologado reducido en un 25 %) y las condiciones climatológicas (si hace frío, hace viento o llueve el consumo será mayor y la autonomía puede llegar a descender hasta en un 50 %). La aplicación *A Better Routeplanner* es muy útil y completa a la hora de planificar convenientemente un viaje puesto que tiene en cuenta los desniveles, el consumo del vehículo, el nivel de batería, etc.

2. **Comprueba siempre que el punto o puntos de carga se encuentren operativos**, que efectivamente cargan a la potencia que necesitas y que se adaptan a la potencia de tu vehículo, con el fin de evitar sorpresas desagradables que puedan poner fin a tu viaje de forma inesperada.

3. **Busca al menos un punto de carga alternativo que se encuentre cerca** del punto en el que tenías pensado cargar, por si este no funcionara.

4. **Ten a mano y activas todas las tarjetas de pago y las aplicaciones para el móvil de los principales operadores de los puntos de carga varios días antes de que inicies tu viaje**, con el fin de evitar sorpresas de última hora y agilizar las gestiones en el momento de cargar, especialmente cuando viajes por el extranjero.

5. **Compra el llavero RFID de Electromaps.com, así como de los principales operadores (como Zunder o Charge and Parking)** que vayas a usar, puesto que te será mucho más cómodo y ágil gestionar el proceso de carga y el posterior pago. Ten en cuenta que podría fallar la cobertura del teléfono móvil o la propia

aplicación del operador, con lo que no podrías iniciar el proceso de carga.

6. **Las aplicaciones y las tarjetas de los operadores más importantes que deberás tener** listas y operativas antes de iniciar tu viaje (o mejor aún, desde el momento en que compres tu vehículo eléctrico), **son:**

   o **Tarjeta (y llavero RFID) de Electromaps**, para cargar en España.

   o **Tarjeta (y llavero RFID) de Zunder**, para usar en su red de carga.

   o **Tarjeta de Iberdrola (muy recomendable)**, para usar en su red de carga.

   o **Tarjeta propia del país que vayas a visitar (si la hay)**, para cargar en los puntos de carga de dicho país: tarjeta de **FEDA** (para cargar en **Andorra**), tarjeta de **ChargeMap** (para cargar en **Francia**), tarjeta de **Endesa X JuicePass, Enel X** (para cargar en **Italia**), etc.

   o **Tarjeta propia de tu localidad o comunidad autónoma (si la hay)**, para cargar en los puntos de carga públicos y gratuitos.

Te recomiendo que veas los tres vídeos sobre cómo preparar un viaje en coche eléctrico que Raúl Comino tiene publicados en su canal de YouTube: parte uno,[45] parte dos[46] y parte tres.[47]

---

[45] Canal de YouTube de Raúl Comino, «Planificación viaje con coche eléctrico - Parte 1», 16 de noviembre de 2020, https://www.youtube.com/watch?v=BiNw_dCI2wc.

[46] Canal de YouTube de Raúl Comino, «Planificación viaje con coche eléctrico Parte 2», 20 de noviembre de 2020, https://www.youtube.com/watch?v=LX85ThjROiQ.

[47] Canal de YouTube de Raúl Comino, «Planificación viaje con coche eléctrico Parte 3 - EL VIAJE DE IDA», 29 de noviembre de 2020, https://www.youtube.com/watch?v=MXdA84WhDP0.

14. Carga en todas tus paradas siempre que tengas ocasión

Cuando te desplazes con tu vehículo eléctrico, y **siempre que realices una parada** por el motivo que sea (comprar, ir al cine o descansar durante un largo viaje), **aprovecha para cargar**. Esto te dará más tranquilidad a la hora de afrontar un puerto de montaña, si necesitas usar la calefacción o si tuvieras que desviarte de la ruta.

15. Carga más porcentaje de batería del que vayas a necesitar en tu trayecto

Como se ha visto en secciones anteriores, múltiples factores afectan a la autonomía real de un vehículo eléctrico, como la temperatura exterior, las condiciones climatológicas (lluvia, viento...), velocidad, estilo de conducción, etc., por lo que **es necesario prever unos kilómetros de autonomía de más por si alguno de esos factores cambia**.

Por ejemplo, si en nuestro trayecto se sube un puerto de montaña a bastante altitud y no se ha previsto, el incremento del consumo al ascender y el uso de la calefacción debido al descenso de la temperatura exterior (en invierno puede ser muy acusada), podría reducir considerablemente la autonomía, obligándonos a ir aminorando la velocidad progresivamente para bajar el consumo y poder llegar a destino.

16. Lleva siempre varios adaptadores para distintos conectores

Es muy importante llevar siempre en el vehículo un conjunto de cables y adaptadores que nos permitan cargar en cualquier situación que podamos encontrarnos: un punto de carga público con las tomas Tipo 2 o Schuko (sin cable incorporado), una toma industrial Cetac trifásica, un enchufe doméstico Schuko, etc.

Si nuestro coche puede cargar a 22 kW de potencia, es muy buena idea también llevar un adaptador para poder conectar el cargador a una toma industrial Cetac trifásica rojo de 11 kW. También es interesante llevar un adaptador para conectarse a una toma industrial Cetac monofásica azul de 16 A mediante nuestro conector Cetac monofásico azul de 32 A.

Para aprovechar una de las tres fases (L1) de una toma de corriente Cetac de color rojo, podemos emplear adaptadores preparados para ello, con lo que ampliaremos las posibilidades de poder cargar.

Consulta la sección 2.7 Cables y adaptadores.

17. Si es posible, usa siempre el sistema de calefacción por bomba de calor

El sistema de calefacción puede reducir mucho la autonomía de un vehículo eléctrico. Mientras que en un vehículo con motor de combustión el sistema de calefacción toma el calor del que genera el propio motor, por lo que podemos decir que sale "gratis", en los vehículos eléctricos esto tiene un coste bastante elevado y se hace de dos modos: por resistencias eléctricas o por bomba de calor.

Algunos coches eléctricos disponen en opción del sistema de calefacción por bomba de calor. Si estuvieras valorando la compra de un coche eléctrico con esta función como opción, **no lo dudes e incorpórala**, puesto que te va a ayudar a incrementar la autonomía en comparación con el uso de resistencias eléctricas.

Otros vehículos eléctricos incorporan de serie ambos sistemas, permitiendo elegir cuál usar, en cuyo caso **se dará prioridad a la bomba de calor**.

18. Si es posible, usa solamente la calefacción de los asientos y del volante

Es preferible **usar los asientos y el volante calefactables** en vez de la calefacción principal del vehículo, puesto que consumen menos energía.

19. Activa el preacondicionamiento de la batería para cargar en los *Supercharger* de Tesla

Si tienes un vehículo Tesla, **activa el preacondicionamiento automático de la batería antes de cargar en un *Supercharger***. Esta función permite precalentar la batería a la temperatura programada para las cargas rápidas (entre 50 y 60 ºC), y así, al llegar al *Supercharger*, podrás cargar a la máxima potencia que admita el vehículo. El sistema funciona al introducir en el navegador un *Supercharger*, y el coche calcula automáticamente cuándo debe comenzar a calentar la batería al aproximarse al próximo *Supercharger*.

En cambio, si circulas con muy poca batería y quieres preservar la autonomía que te queda, desactiva esta función y el coche no usará energía para precalentar la batería.

20. Mantén el vehículo conectado y el nivel de batería entre el 40 % y el 50 % cuando permanezca largos periodos parado

Cuando un vehículo eléctrico se apaga, se inicia un proceso de desconexión o parada de varios de sus sistemas internos, como la refrigeración o los contactores eléctricos de la batería de alta tensión (o tracción). De este modo, la batería queda aislada eléctricamente del resto del vehículo y se minimiza su descarga pasiva.

Si vas a dejar el vehículo estacionado por un período de tiempo prolongado, mantenlo conectado siempre que sea posible para evitar que la batería de alta tensión pueda llegar a descargarse por completo. **El nivel de batería idóneo para dejar el vehículo eléctrico estacionado y conectado durante largos periodos de tiempo está entre el 40 % y el 50 %**, puesto que la tensión a la que están las baterías individuales (las "pilas" que forman las celdas) es la indicada por el fabricante para esta situación (3,75 V).

Si es posible, programa la carga de tu vehículo para que no pase del 50 %.

Si no pudieras dejar el vehículo conectado, el nivel de carga de la batería deberá ser del 60 % como máximo (nunca lo dejes cargado al 100 % o por

debajo del 40 %). **En vehículos Tesla** en particular, hay que prestar especial atención de **que el modo Centinela esté desactivado**, ya que consume mucha energía de la batería.

Como he dicho al principio, la batería de alta tensión se desconecta eléctricamente de todos los componentes del vehículo, entre los cjes que se encuentra la batería auxiliar de 12 V, puesto que esta se recarga directamente a partir de la batería principal. Para evitar daños en la batería auxiliar, el sistema de control del vehículo conecta periódicamente los contactores de la batería de alta tensión para poder recargar la batería de 12 V. **Un consejo para que la batería auxiliar de 12 V se degrade lo menos posible es programar en el vehículo la carga al 50 % a una hora determinada cada día**, y así, aunque la batería de alta tensión no necesite recargarse, sí lo hará la auxiliar, prolongando su vida útil.

Para desarrollar este apartado me he basado en el <u>vídeo de **Jose** publicado en su canal de YouTube **"Tesla vlogs"**</u>,[48] y que os recomiendo visitar.

2.11 Preguntas frecuentes

En esta sección voy a tratar de resumir las preguntas más habituales que se formula cualquier persona que se haya planteado adquirir un vehículo eléctrico.

1. ¿Qué necesito para cargar mi coche?

Para cargar tu vehículo eléctrico en casa necesitas un enchufe donde conectar el cargador portátil (cable con cargador incluido) **o un punto de carga tipo *wallbox*** con el cable incorporado. Si tu *wallbox* no tiene el cable incorporado, deberás usar un cable de carga portátil Tipo 2 en el extremo

---

[48] Canal de YouTube "Tesla vlogs" de Jose, «Tesla Model 3 confinado, lo que debes y no debes hacer», 4 de abril de 2020, https://www.youtube.com/watch?v=YANa-9csjH4.

donde se conecta al punto de carga; esta solución es menos práctica que si el cable ya está incorporado en el *wallbox*.

Para cargar tu coche en una **estación de carga pública en corriente alterna** necesitarás un cable de carga portátil Tipo 2 en el lado del punto de carga, aunque también se puede usar el cargador portátil del coche para las tomas Schuko como solución de emergencia. Para cargar en una **estación de carga rápida en corriente continua** no necesitarás ningún cable, puesto que estos puntos de carga ya disponen de su propio cable adaptado para soportar altas intensidades de carga.

Para poder cargar **en los puntos de carga públicos que sean de pago, habitualmente necesitarás usar una tarjeta** asociada a dicho punto o una genérica como la de Electromaps, **o bien una app (aplicación para móvil)**, dependiendo del servicio de cobro del proveedor.

Para ampliar la información puedes leer la sección 2.8 Dónde puedes cargar.

2. Si tengo una plaza de garaje comunitario y mi punto de carga está conectado a la instalación general de dicho garaje, ¿cómo se me cobran las recargas que yo realice?

Según la normativa actual vigente específica para la infraestructura de recarga del vehículo eléctrico, la ITC-BT-52, **es imprescindible instalar un medidor de energía específico (contador secundario) para el punto de carga** para poder conocer de esta forma el consumo vinculado a la carga del vehículo eléctrico y, posteriormente, deducir y repercutir el coste en la cuota de la comunidad del usuario. Necesitas un contrato específico para la carga del vehículo eléctrico, por lo que pagarás por dos términos de potencia, el de la instalación de la vivienda más el de la instalación del punto de carga.

Si el punto de carga está vinculado a la instalación de tu vivienda particular, únicamente pagarás un término de potencia y el coste de las recargas repercutirá en tu factura doméstica.

Para ampliar la información puedes consultar las secciones 2.8 Dónde puedes cargar y 2.9 Cuánto cuesta cargar de este manual.

3. ¿Es necesario tener el permiso de la comunidad de propietarios para llevar a cabo la instalación de mi punto de carga?

Solamente debes **informar por escrito a la comunidad de vecinos** de la intención de realizar la instalación del punto de carga en tu plaza de garaje **desde tu vivienda particular** usando las zonas comunes que sean necesarias para conducir el cable hasta tu plaza, asumiendo tú todos los costes. **No necesitas la aprobación de los vecinos.**

Si tu plaza de garaje se encuentra en otro bloque de viviendas, la instalación hasta tu punto de carga deberá partir de los contadores comunitarios del párking, no desde la instalación particular de tu vivienda, y en este caso **sí deberás contar con la aprobación de los vecinos**, que, según la ley de propiedad horizontal, bastará **con un tercio de los votos a favor** para aprobar su ejecución. Tú correrías con todos los costes derivados de esa instalación, pagando posteriormente la parte proporcional los vecinos que quieran adherirse a dicha instalación eléctrica para cargar su vehículo eléctrico.

4. ¿Qué seguridad frente a contactos eléctricos tiene una instalación para la carga de vehículos eléctricos?

Según la normativa específica ITC-BT-52 para la infraestructura de recarga del vehículo eléctrico, toda estación de carga deberá contar con medidas de protección contra contactos eléctricos directos e indirectos, de toma de tierra, así como de un tubo de instalación rígido que conduce y protege a los cables. La protección contra contactos directos e indirectos se hará con un interruptor diferencial de 30 mA y clase A.

5. ¿Cómo puedo garantizar que nadie vaya a desconectar el cable de carga cuando esté cargando en mi plaza de garaje?

Normalmente los puntos de carga inteligentes (o *wallbox*) disponen de medidas de seguridad para evitar que nadie pueda hacer un uso indebido del mismo o detener la carga de tu vehículo eléctrico. Los dispositivos de seguridad pueden ser electrónicos (mediante contraseña) o mecánicos, a través de bloqueos con cerradura de seguridad.

Asimismo, las bases con tomas Schuko a las que se puede conectar el cargador portátil del coche pueden instalarse dentro de una caja de conexiones con cerradura de seguridad con llave.

Además, los vehículos eléctricos que disponen de puerto de carga con conector Tipo 2 tienen un bloqueo mecánico de seguridad incorporado que impide que el cable pueda ser desconectado durante el proceso de carga.

6. ¿Qué ocurre si cargo mi vehículo eléctrico a mayor potencia de la permitida en la instalación?

Toda instalación eléctrica tiene una potencia contratada, que es la máxima que puede usarse. Si excedemos de esta potencia contratada durante un corto tiempo, salta (se desconecta o abre) el interruptor de control de potencia (ICP). Para evitarlo, deberás reducir manualmente la intensidad de carga (amperios) durante el proceso de carga desde el propio coche, o regular la máxima intensidad de carga de tu *wallbox*. La mayoría de los dispositivos tipo *wallbox* del mercado ya ofrecen la función de **control dinámico de carga**, que permite limitar en todo momento y de manera automática la potencia de carga en función del consumo de energía en la vivienda.

Puedes volver a consultar las secciones 2.4 Modos de carga y 2.8 Dónde puedes cargar para profundizar en todo lo concerniente al proceso de carga.

Además, según la citada normativa ITC-BT-52, la instalación debe disponer de un sistema de protección frente a sobretensiones (interruptor magnetotérmico) y ser realizada por una empresa instaladora acreditada, que puede ser el propio fabricante (**V2C**, **Wallbox**, **Policharger**, **Orbis**, **Circutor**, etc.) o bien una compañía que trabaje con varias marcas (**Cargacar**, **Cargatucoche**, **Enchufing**, **Ionclick**, etc.).

7. ¿Hay que realizar algún tipo de mantenimiento en un punto de carga doméstico?

No es necesario realizar ningún tipo de mantenimiento en un punto de carga doméstico, ya sea un *wallbox* o una base de enchufe Schuko.

De todas formas, ante cualquier avería o duda siempre puedes ponerte en contacto con el fabricante o con la empresa que te suministró e instaló tu punto de carga para que se encarguen de todo.

8. ¿Se tiene que modificar la instalación eléctrica a la que vaya a conectarse mi punto de carga?

Salvo que tu instalación eléctrica presente desperfectos o sea muy antigua y no cumpla con la normativa ITC-BT-52, **no es necesario realizar ninguna modificación** en la misma, únicamente aumentar la potencia contratada si recorres muchos kilómetros diariamente con tu vehículo.

9. ¿Es necesario aumentar la potencia contratada de mi vivienda?

La potencia de carga determina, junto con el consumo medio del vehículo, la velocidad de carga (o incremento de autonomía) de un vehículo eléctrico, por lo que en función de la potencia que tengamos contratada podremos cargar un porcentaje de batería mayor o menor cada día.

Por tanto, en función de la distancia que recorras diariamente con tu vehículo eléctrico podrías necesitar aumentar la potencia contratada o no.

Aumentar la potencia contratada es más caro que consumir fuera del periodo valle o supervalle, y solo se justifica si recorremos muchos kilómetros con el vehículo.

Puedes ver los cálculos realizados en la <u>sección 2.9 Cuánto cuesta cargar</u>.

10. ¿Hay que hacer un proyecto eléctrico para la instalación del punto de carga?

Si realizamos una instalación nueva se requiere un proyecto eléctrico, pero para instalaciones de modificación o de ampliación no será necesario (excepto si se supera en un 50 % la potencia del proyecto anterior).

11. ¿Qué ocurre si en mi garaje comunitario hay más vecinos que necesitan instalarse su propio punto de carga?

En primer lugar, hay que diferenciar entre los **edificios o estacionamientos de nueva construcción**, cuya solicitud de licencia de obra es **posterior al 30 de junio de 2015**, y los construidos antes de dicha fecha. En edificios o estacionamientos de nueva construcción se incluye la instalación eléctrica específica para la recarga de los vehículos eléctricos, ejecutada de acuerdo con lo establecido en la instrucción técnica ITC-BT-52.

Así pues, en párkings comunitarios de nueva construcción no debería existir ningún inconveniente técnico a la hora de instalar varios puntos de recarga, ya que habrá suficiente espacio físico para ello. El problema viene cuando en un edificio de construcción anterior al 30 de junio de 2015 se pretende derivar la instalación desde varias viviendas al garaje, puesto que al final no habrá espacio para todas las canalizaciones de cable. Los primeros usuarios que lo soliciten sí van a poder hacerlo, pero los vecinos que ya no puedan acometer una instalación desde su propia vivienda tendrán que hacerlo desde el cuadro de contadores comunitarios del párking, debiendo contratar una tarifa específica para la recarga de su vehículo eléctrico.

12. ¿Necesito un vehículo eléctrico con mucha autonomía para poder viajar?

Normalmente, **a diario** (para desplazarse al trabajo o realizar tareas cotidianas como la compra, etc.) **se recorre una distancia inferior a la autonomía del vehículo**, por lo que no supone ningún problema en la gran mayoría de casos. En cambio, **para afrontar un viaje con garantías es**

necesaria una buena red de puntos de carga (electrolineras) que aseguren que podamos cargar a lo largo de nuestro trayecto.

Aunque una generosa autonomía siempre aporta mayor seguridad y margen de maniobra a la hora de viajar, es más importante que exista una extensa red de carga rápida y sobre todo ultrarrápida, que disponer de mucha autonomía (lo que encarece el precio del vehículo).

13. ¿Debo cambiar la batería de mi vehículo eléctrico cada tres años?

Este es uno de los mayores temores de todo futuro usuario de un vehículo eléctrico, derivado del desconocimiento hacia esta incipiente tecnología. A ello también influye de alguna manera la experiencia que se tiene en el uso de teléfonos móviles y ordenadores portátiles, entre otros, en los que vemos cómo la capacidad de la batería se reduce mucho al transcurrir ese periodo de tiempo.

Esto sucede porque se degrada la química interna de la batería debido a factores como el número de descargas y cargas completas que se han hecho o si se ha abusado de la carga rápida (degradación de la batería por las altas temperaturas). Como norma general, los vehículos eléctricos modernos disponen de sofisticados y eficientes sistemas de control y refrigeración de la batería, por lo que todos estos factores afectan mucho menos que en los dispositivos electrónicos.

Por tanto, no, no se debe cambiar la batería de un vehículo eléctrico cada tres años (y muy probablemente no se cambiará durante toda la vida útil del vehículo).

14. ¿Es segura la batería de un vehículo eléctrico? ¿Hay riesgo de electrocución? ¿Existe riesgo de incendio o explosión?

La batería de un vehículo eléctrico se diseña y construye bajo unos estrictos controles de calidad y seguridad. Aunque cada fabricante presenta sus propios protocolos de seguridad frente a accidentes que impliquen la rotura o daño de la batería, lo que sí hacen todos es asegurar que en caso de accidente se corte la corriente eléctrica de la batería de alta tensión, que normalmente funciona a 400 V (o a 800 V, como es el caso del Porsche Taycan, del Audi e-tron GT y del Hyundai IONIQ 5). Disponen incluso de un seccionador de corriente manual.

En cuanto al riesgo de incendio de la batería, este puede tener dos causas: por un incremento muy grande de la temperatura interna de la batería (por ejemplo, por un fallo durante el proceso de carga rápida) o por una rotura de las celdas interiores en caso de colisión. Casi todos los fabricantes incorporan sistemas de refrigeración eficientes que impiden que la temperatura que se alcanza en el interior de la batería llegue a producir cortocircuitos y finalmente un incendio.

Del mismo modo, en caso de colisión lateral que produjera la rotura de la batería se podría generar un incendio, que por su naturaleza y el tipo de materiales que se emplean son mucho más difíciles de que se produzcan respecto a un vehículo con motor de combustión, pero son también mucho más difíciles de controlar y de extinguir.

Tal y como nos muestra **Saúl López** en su canal de YouTube,[49] **el riesgo de sufrir un incendio en un vehículo Tesla es 10 veces menor que con un vehículo con motor de combustión**. Recomiendo ver el vídeo de **Lars** en su canal de YouTube.[50]

15. ¿Se puede lavar un vehículo eléctrico con agua a presión?

No hay ningún problema con que lavemos mediante agua a presión nuestro vehículo eléctrico ni en máquinas de lavado automáticas. Tampoco hay problema en que carguemos la batería bajo la lluvia.

―――――――――――――――――

[49] Canal de YouTube de Saúl López, «Tesla Impact report 2019: el informe más importante de TESLA», 14 de junio de 2020, https://www.youtube.com/watch?v=5B5H2zIqCsw.

[50] Canal de YouTube "Todos Eléctricos" de Lars, «Seguridad de un coche eléctrico según un bombero», 19 de abril de 2021, https://www.youtube.com/watch?v=I-E9o-Hw_80&list=PLZ3MTWBOn07XU0UpvovqLtbgZwimjUGbQ&index=1.

PARTE 3

SELECCIONA TU VEHÍCULO ELÉCTRICO

3 SELECCIONA TU VEHÍCULO ELÉCTRICO

3.1 ¿Debo pasarme ya al vehículo eléctrico?

La primera pregunta de todas es **si realmente necesitas comprar un coche eléctrico**. O más importante aún: **¿necesitas cambiar tu actual vehículo?** Para responderla, lejos de empezar a valorar todos los aspectos económicos que empujarán la balanza hacia un lado o hacia otro, debemos tener claras cuáles son nuestras necesidades reales en cuanto a movilidad:

- ¿Dispones ya de un vehículo?
- Si ya dispones de vehículo, ¿se encuentra este en condiciones de aguantar operativo más tiempo?, ¿o quizás necesitas un segundo vehículo?
- ¿Podría suplir tus necesidades de desplazamiento el transporte público?
- ¿Conoces el impacto medioambiental que conlleva la fabricación de un vehículo, sea este eléctrico o no? ¿Y el daño medioambiental que ocasionan los residuos generados al deshacernos de un automóvil o de un dispositivo electrónico, como un teléfono móvil?

Tal y como se explica en la <u>sección 1.2 Por qué comprar un vehículo eléctrico</u> de esta guía, existen una serie de **beneficios para el medio ambiente más que demostrados, dignos de tener en cuenta** a la hora de valorar la compra de un vehículo.

Pero como en todo proceso industrial, la fabricación de un vehículo, sea eléctrico o no, lleva asociado un determinado impacto medioambiental, así como unas emisiones de CO_2 que aparecen desde el mismo proceso de extracción, transporte y procesado de las materias primas necesarias para su fabricación, y que continúan después en la fabricación del vehículo. Según diversos estudios, la fabricación de un vehículo provoca la emisión indirecta de la misma cantidad de CO_2 que si ese vehículo recorriese 60 000 kilómetros. Por tanto, **no comprar un vehículo, sea del tipo que sea, va a evitar ya de por sí un impacto medioambiental**.

Pese al impacto medioambiental que conlleva la fabricación de un vehículo eléctrico, **desde el mismo momento en que se pone en circulación ya se empiezan a compensar las emisiones generadas en dicho proceso, amortizando rápidamente su huella de carbono**, tal y como muestran las tablas de la sección 1.2 Por qué comprar un vehículo eléctrico. Por tanto, **un vehículo eléctrico es mucho más limpio que un vehículo con motor de combustión**.

Suponiendo que tu necesidad de comprar un vehículo esté plenamente justificada y obedece a una necesidad real, deberás valorar cuidadosamente varios aspectos que te ayudarán a decidir correctamente si te conviene pasarte ya al vehículo eléctrico y cómo debes hacerlo. Todo esto lo vemos en las siguientes secciones de esta parte del libro.

3.2 Características principales a la hora de elegir un vehículo eléctrico

Cuando nos fijamos en las características de un vehículo eléctrico no solo es importante conocer cuáles son y su significado, sino que también debemos tener muy claro el uso que le vamos a dar al vehículo y lo que nos puede aportar (gran habitabilidad, potencia, manejabilidad, etc.). No es lo mismo un coche destinado a pequeños desplazamientos por ciudad que un vehículo dedicado a transportar pasajeros con todo su equipaje.

Pero, además, en un vehículo eléctrico **intervienen aspectos específicos muy importantes como la velocidad de carga o su autonomía**, entre otros. El pequeño coche de ciudad habitualmente no necesitará cargar a potencias mayores que 50 kW, pero el vehículo eléctrico destinado a cubrir grandes distancias debería poder cargar al menos a 100 o 150 kW para no incrementar demasiado los tiempos de recarga durante los viajes.

Hay que tener en cuenta que la autonomía de los vehículos con motor de combustión es muy elevada, los puntos de repostaje numerosos y los tiempos de parada, mínimos. Esto nos obliga a *cambiar el chip* cuando nos **pasamos al vehículo eléctrico y a adaptar nuestros hábitos de conducción y de viajar con él**.

Te deberás fijar muy bien en los siguientes aspectos a la hora de elegir tu vehículo eléctrico:

- Capacidad de la batería y autonomía que ofrece.
- Sistema de refrigeración de la batería.
- Potencia de carga normal (en corriente alterna), para los desplazamientos cortos.
- Potencia de carga rápida (en corriente continua), para los desplazamientos largos.
- Consumo medio.
- Sistema de climatización del habitáculo.

Las baterías de los coches eléctricos tienen una **capacidad útil teórica que va desde los 25 kWh de las primeras generaciones de vehículos que se comercializaron, hasta los más de 100 kWh** de los más modernos vehículos eléctricos como Rivian, que montan baterías desde 105 kWh hasta 180 kWh. Aunque esto no es lo habitual; lo habitual es que un coche eléctrico disponga de una batería de iones de litio con una capacidad que va desde los 50 kWh hasta los 90 kWh, aproximadamente.

Hay que tener en cuenta que una batería dispone, por una parte, de una **capacidad total teórica (o bruta)**, y por otra parte, dispone de una **capacidad útil teórica; este último es el dato realmente importante** puesto que nos servirá para conocer la autonomía real teórica que tendrá un vehículo eléctrico. Puedes consultar la <u>sección 2.1 Unas nociones para empezar</u> para verlo con más detalle.

Para darle un enfoque más práctico, podemos distribuir el tamaño de las baterías en diferentes rangos de capacidad, lo que se traducirá en distintas autonomías y su uso más apropiado:

Capacidad de batería (kWh)	Autonomía útil (km)	Uso más apropiado
Hasta 35 kWh	De 100 km a 200 km	Urbano e interurbano
De 35 kWh a 45 kWh	De 200 km a 300 km	Urbano y viajes cortos
De 45 kWh a 55 kWh	De 300 km a 400 km	Urbano y viajes largos
A partir de 55 kWh	Más de 400 km	Viajes largos

Como ves en la tabla, las capacidades de batería más pequeñas se quedan cortas para afrontar viajes largos y no son por tanto aconsejables para ello. **A partir de los 40 kWh se pueden acometer con ciertas garantías los viajes de mayor distancia, pero dependerás mucho de la red de puntos de carga que haya en tu ruta y de la planificación que hagas.** Solo en el caso de hacer un viaje de menos de 300 km lo podrás afrontar con cierta seguridad (dependiendo siempre de las condiciones climatológicas, del estilo de conducción, de la velocidad media...).

A partir de 55 kWh de capacidad los viajes son seguros de realizar con independencia de la red de recarga que exista por la zona donde vayas a circular, aunque como siempre, no estará exenta de una **planificación previa** para estudiar con detenimiento los puntos para recargar, asegurándote siempre de que estén operativos, de la potencia disponible, etc.

Haciendo mención a los consejos prácticos detallados en la sección 2.10 del libro, recordemos la importancia de **mantener dentro de lo posible el nivel de carga de la batería entre el 20 % y el 70 %, o como máximo entre el 10 % y el 90 %, lo que implica no descargarla ni cargarla por completo nunca** (salvo que sea estrictamente necesario). Según esta recomendación), **la capacidad útil real (***disponible***) de la batería será inferior a la capacidad útil teórica** anunciada por el fabricante. Para conocer la **autonomía útil disponible** debemos tener en cuenta todos estos datos:

- Autonomía teórica homologada en el ciclo WLTP (si es posible aplicaremos el ciclo americano EPA, más exigente y realista).
- Capacidad útil teórica de la batería (kWh), que es la que nos dice el fabricante.
- Consumo medio real (kWh/100 km o Wh/km).
- Degradación de la batería tras el primer año de uso; aunque este valor depende mucho de los kilómetros recorridos y de la forma en que se hayan realizado las cargas, podemos considerar un 5 %.
- Porcentaje útil efectivo de batería que usamos habitualmente en el día a día y en los viajes largos (30 % para un uso diario, 50 % o más para viajes largos, etc.).

Para mostrar todo esto en números, voy a tomar como ejemplo los cálculos que ha desarrollado **Lars** sobre su **Tesla Model 3 Performance**, y que publicó en su canal de YouTube.[51] Según la página web de Tesla, esta versión tiene una autonomía de **530 km bajo el ciclo europeo homologado WLTP**, que no es del todo realista. El ciclo americano homologado es el EPA, y según este, el Tesla Model 3 Performance tiene una autonomía de **481 km** (sin variar las dimensiones de las ruedas).

Pero **la autonomía disponible según el consumo real que le hacemos al coche es distinta a la teórica según el ciclo homologado**, y dependerá del estilo de conducción particular de cada uno. Con un **consumo medio real de 18 kWh cada 100 km recorridos**, y teniendo en cuenta que **su capacidad útil teórica es de 75 kWh, la autonomía real será de 417 km** (obtenida

---

[51] Canal de YouTube "Todos Eléctricos" de Lars, «Autonomía REAL de un TESLA MODEL 3 en viajes y en uso diario», 9 de mayo de 2020, https://www.youtube.com/watch?v=oC_tVTxlyhg&list=PLZ3MTWBOn07WAGWVfKFIt2Q RfKcySTuhn&index=1.

dividiendo 75 000 entre 180, considerando que 75 kWh son 75 000 Wh y que 18 kWh/100 km son 180 Wh/km).

Ahora debemos tener en cuenta la degradación de la batería que pueda tener con el uso que le vamos haciendo. Vamos a suponer que tiene una **degradación del 5 %**, que es la que presentan las baterías de los vehículos de Tesla de forma constante tras un año de uso. Por tanto, la autonomía bajaría hasta los **396 km reales** (417 x 0,95).

Pero esta autonomía sería válida si consideráramos la capacidad útil teórica de la batería: los 75 kWh. Si mantenemos siempre un nivel de batería entre el 20 % y el 80 %, deberemos restar un 40 % de capacidad al total (al no usar la energía de la batería entre el 0 y el 20 % y entre el 80 % y el 100 %), teniendo una **capacidad útil disponible** del 60 % del total, o sea, **45 kWh** (75 x 0,6), que equivale a una **autonomía útil disponible de 238 km**. Pero esta autonomía puede quedarse corta si pretendemos realizar un trayecto largo donde los puntos de carga sean escasos, o cuando el consumo del vehículo aumente como consecuencia de la orografía o las condiciones climatológicas.

Si queremos conocer la **autonomía útil disponible para viajes largos**, deberemos considerar un **consumo real algo mayor (20 kWh/100 km para el Tesla Model 3 Performance)**, quedando los resultados de la siguiente manera:

- Autonomía útil teórica: **375 km** (75 000/200).
- Autonomía útil teórica con la degradación del 5 %: **356 km** (375 x 0,95).
- Autonomía útil disponible usando un 50 % de batería y con la degradación del 5 %: **178 km** (356 x 0,5).
- Autonomía útil disponible usando un 60 % de batería y con la degradación del 5 %: **214 km** (356 x 0,6).
- Autonomía útil disponible usando un 80 % de batería y con la degradación del 5 %: **285 km** (356 x 0,8).
- Autonomía útil disponible usando un 90 % de batería y con la degradación del 5 %: **320 km** (356 x 0,9).

En cuanto al **sistema de refrigeración de la batería**, puede ser **forzado por líquido** (el más eficiente), **forzado por aire, o bien por aire pasivo** (el menos eficiente y el que más degradación de la batería conlleva). Un ejemplo de este último sistema es el del Nissan Leaf de primera generación, famoso por la gran degradación que tienen algunas unidades. **Si es posible, escoge tu futuro vehículo eléctrico con sistema de refrigeración forzado por líquido.**

La potencia de carga de un vehículo eléctrico es, junto con el consumo medio de energía, el parámetro que **define la velocidad de carga (o** *incremento de autonomía*). En las especificaciones de un vehículo eléctrico se definen **dos tipos de potencia de carga:**

- Potencia de carga en corriente alterna.

- Potencia de carga en corriente continua (si está disponible; los primeros vehículos eléctricos que se comercializaron no la incorporaban).

Los coches eléctricos actualmente cargan a las siguientes potencias:

- **Hasta 7,4 kW** en corriente alterna monofásica **o hasta 11 kW** en corriente alterna trifásica (**excepcionalmente a 22 kW**, como es el caso de **algunas furgonetas eléctricas,** de los primeros vehículos de **Tesla**, y de los vehículos eléctricos de **Renault**).

- **Entre 40 kW y 160 kW** en corriente continua (excepcionalmente **a 250 kW,** como los vehículos de **Tesla** de última generación, **y a 350 kW,** como el **Porsche Taycan,** el **Audi e-tron** o los nuevos vehículos eléctricos del grupo **Kia-Hyundai**).

Por tanto, deberás fijarte en los valores que anuncia el fabricante del modelo en el que estés interesado o interesada para poder determinar si se adapta a tus necesidades, según la siguiente tabla:

Potencia de carga (kW)	Tipo de corriente	Tiempo de espera (uso más indicado)
Hasta 7,4 kW	Corriente alterna monofásica	5 - 10 horas (carga en casa / trabajo)
Entre 11 y 22 kW	Corriente alterna trifásica	1 - 4 horas (paradas prolongadas)
Hasta 50 kW	Corriente continua	30 - 45 minutos (viajes cortos y puntuales)
Entre 100 y 350 kW	Corriente continua	5 - 20 minutos (viajes largos y frecuentes)

De esta tabla se pueden extraer varias conclusiones. **La opción de carga en corriente alterna monofásica la destinarás a la carga en casa** (carga nocturna) **o en el trabajo** (en un enchufe de la misma empresa o en un punto de carga próximo al centro de trabajo).

La opción de carga en corriente alterna trifásica la emplearás en los casos en que tengas que realizar una parada prolongada, como una comida o cena en un restaurante, una reunión o un evento, una tarde en el cine o de compras, etc. Si el coche que deseas dispone de la opción para cargar a 11 kW o 22 kW no lo dudes y añádela, porque en un punto de carga público trifásico te permitirá cargar hasta tres veces más rápido que si solo puedes hacerlo en corriente monofásica (a 7,4 kW), reduciendo el tiempo de espera a una tercera parte.

La carga en corriente continua es la que usarás en los trayectos de mayor distancia. Con 50 kW los tiempos de carga pueden llegar a ser de unos 30 minutos o más, alargando mucho el tiempo total de viaje si tienes que hacer muchas paradas y no dispones de mucho tiempo extra. En cambio, **es factible viajar de forma tranquila y pausada en viajes cortos**.

Por su parte, los viajes con coches que carguen a 100 kW o más se asemejan bastante a la forma en que se hace hoy en día con un vehículo que no sea 100 % eléctrico. **Si viajas mucho o el tiempo es importante para ti por motivos de trabajo, es primordial que el vehículo pueda cargar como mínimo a 100 kW (preferiblemente a 150 kW o más).**

Además de la potencia de carga en sí, **es importante también tener en consideración cómo se reparte esa potencia a lo largo de todo el proceso de carga**, especialmente entre el 10 % y el 80 %, que es cuando se emplea mayor potencia. Esto es lo que se conoce como *curva de carga*.

Hay vehículos eléctricos que mantienen una potencia de carga muy alta y estable hasta el 80 %, como es el caso del Audi e-tron 55 quattro. En cambio, hay algún vehículo eléctrico, como el Hyundai Ioniq de segunda generación de 38,3 kWh, en el que la potencia de carga desciende rápidamente mucho antes del 80 %; en comparación con el Hyundai Ioniq de primera generación, que tiene 10 kWh menos de capacidad útil de batería, las paradas para recargar se pueden alargar a casi el doble, pudiendo incrementar el tiempo total del viaje.

A continuación voy a mostrar las gráficas de curva de carga del Audi e-tron 55 quattro de 86,5 kWh, la del Hyundai Ioniq de 38,3 kWh y por último la del Hyundai Ioniq de 28 kWh:

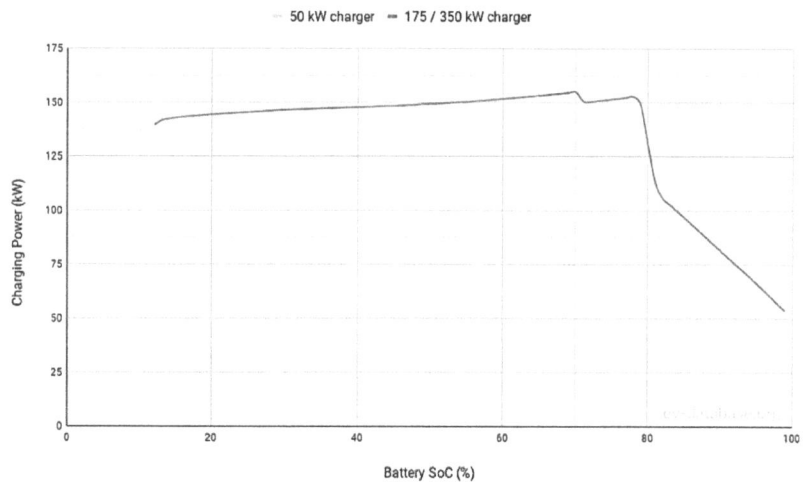

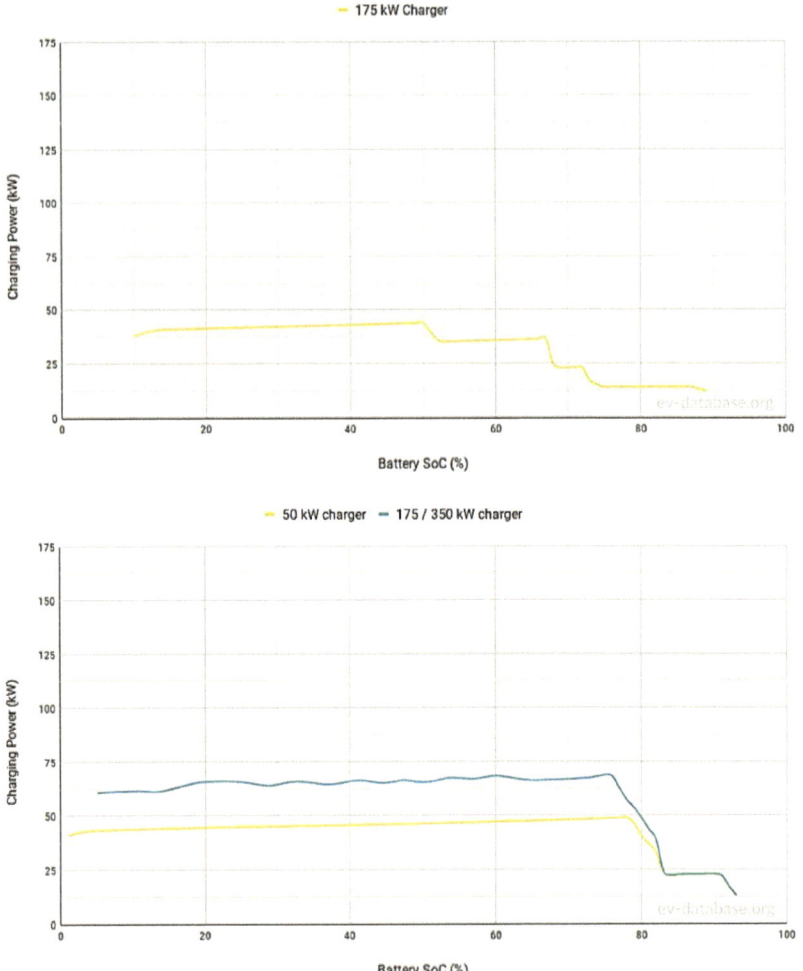

El consumo medio de un vehículo eléctrico nos indica la cantidad de energía (kWh) que se consumiría de manera constante para recorrer una distancia determinada (100 kilómetros es la unidad de distancia estándar para realizar los cálculos). Por tanto, un vehículo que consuma el doble que otro, también tardará el doble de tiempo para recuperar por ejemplo 200 km de autonomía (a igualdad de potencia de carga).

En la sección 2.3 Velocidad de carga hay dos tablas donde se indica la autonomía incrementada por cada hora de carga según la potencia a la que se esté cargando y considerando un consumo medio del vehículo de 17 kWh/100 km. Si el consumo medio varía, también lo hará la velocidad de carga: **a mayor consumo medio, menor velocidad de carga (o incremento de autonomía), y por tanto mayor será el tiempo de carga**.

Por tanto, no basta con conocer solo la potencia de carga para saber si ocho horas cargando por la noche en casa, o una hora mientras comemos en un restaurante, pueden ser suficientes para recuperar la autonomía que necesitamos. También **hay que tener en cuenta el consumo medio del vehículo y combinarlo con la potencia para calcular la velocidad de carga**. Consulta la sección 3.3 Haz tus cálculos para verlo en detalle.

A continuación, puedes ver una tabla resumen con unos rangos de consumos medios de un vehículo eléctrico y el tamaño de batería mínima necesaria que debe tener el vehículo para disponer de una autonomía mínima razonable:

Consumo medio (kWh/100 km)	Batería mínima necesaria (kWh)
De 12 a 15 kWh/100 km	Pequeña (menos de 40 kWh)
De 15 a 18 kWh/100 km	Mediana (de 40 kWh a 55 kWh)
De 18 a 22 kWh/100 km	Grande (de 55 kWh a 75 kWh)
Más de 22 kWh/100 km	Muy grande (más de 75 kWh)

Viendo la tabla se puede adivinar que si un vehículo eléctrico tiene un consumo muy elevado (más de 22 kWh/100 km) y una batería mediana o grande, no dispondrá de mucha autonomía. Esto es lo que sucede con el Audi e-tron Sportback de 71 kWh de batería, que permite recorrer solamente 300 km con una sola carga según el ciclo WLTP, lo que en la vida real es algo menos; si queremos superar los 400 km, también medidos en el citado ciclo, tendremos que escoger la opción del Audi con batería de 86,6 kWh.

Si el vehículo en cambio presenta un consumo muy reducido, no necesitará disponer de una batería grande, ahorrando en peso y costes. Cuando hablamos de consumos y de eficiencia, el rey absoluto es el

Hyundai Ioniq de primera generación, ya que puede llegar a recorrer con su pequeña batería de 28 kWh útiles nada menos que 220 km sin ninguna dificultad. Coches eléctricos más modernos que el Ioniq con baterías de mayor capacidad tienen una autonomía muy similar, debido precisamente a que tienen un mayor consumo.

Ahora una pequeña curiosidad. Pensemos en la gasolina o en el diésel. Un litro de gasolina contiene nada menos que 9,7 kWh y cada litro de gasóleo, 10,7 kWh. Para un depósito de 45 litros lleno, significa que hay disponibles 436,5 kWh de gasolina o 481,5 kWh de gasóleo. En cambio, actualmente las baterías de iones de litio de los vehículos eléctricos almacenan 50 kWh de media, 180 kWh como máximo en el caso del vehículo más capaz de Rivian. La alta eficiencia de los motores eléctricos compensa en parte esa gran diferencia de almacenamiento energético. Estos números ponen en evidencia la gran cantidad de energía que se genera (en forma de calor) en un motor de combustión interna.

El último aspecto a tener en cuenta es el del **sistema de climatización del habitáculo**, que puede ser por resistencias eléctricas o por bomba de calor. **El sistema más eficiente es el de bomba de calor.** Es extremadamente eficiente: cada kilovatio de potencia consumido de la batería de alto voltaje nos entrega aproximadamente 4 kilovatios de calor o de frío. El último modelo de Tesla, el Model Y, usa un sistema de bomba de calor en vez del sistema de resistencias eléctricas que incorpora el resto de la gama de Tesla; el Model 3 en particular presenta unos consumos en invierno muy elevados, que merman su autonomía en esas condiciones climáticas extremas.

Si el vehículo dispone en opción del sistema de bomba de calor, no lo dudes e incorpóralo, en especial para aquellos vehículos con poca autonomía.

Para finalizar, quedaría añadir que el resto de las características típicas de un vehículo (tamaño, habitabilidad interior, potencia, accesorios extra, etc.) dependerán del uso que vayamos a darle, no presentando ninguna diferencia con respecto a los vehículos con motor de combustión.

3.3 Haz tus cálculos

A lo largo de las secciones anteriores de este libro hemos abordado en profundidad todo lo que necesitas saber sobre los vehículos eléctricos acerca de su funcionamiento, cómo y dónde se recargan, consejos prácticos, etc., así como todos los aspectos importantes para conocer cuál te conviene adquirir.

Ahora, con toda esa información, y teniendo claras cuáles son tus necesidades de movilidad en tus desplazamientos diarios y esporádicos, **es muy interesante que aprendas a realizar tus propios cálculos para poder decidir correctamente qué vehículo eléctrico y qué punto de carga te convienen más**.

En esta sección podrás conocer los cálculos más importantes. He elaborado el siguiente listado a modo de resumen:

1. Cálculo de la potencia de carga.
2. Cálculo del tiempo de carga.
3. Cálculo de la capacidad de batería que necesitas para tus desplazamientos habituales.
4. Cálculo del consumo medio a partir del consumo de batería y de la distancia recorrida.
5. Cálculo de la velocidad de carga (o incremento de autonomía).
6. Cálculo de la autonomía incrementada por cada hora de carga.
7. Cálculo de la carga realizada (energía almacenada en la batería).
8. Cálculo del coste de recorrer 100 km.
9. Cálculo del coste de la carga.
10. Cálculo de la autonomía útil disponible.
11. Cálculo de amortización.

Para hacer los cálculos, en primer lugar necesitas recopilar la siguiente información:

A. **Potencia eléctrica que tienes contratada** en tu hogar (kW). Este dato viene indicado en la factura de tu compañía eléctrica.

B. **Coste de la potencia que tienes contratada** en tu hogar (€). Este dato viene indicado en la factura de tu compañía eléctrica.

C. **Coste de la energía consumida** en tu hogar (€/kWh), teniendo en cuenta si dispones de una única tarifa o de una tarifa con discriminación horaria en dos o tres franjas horarias. Este dato también viene indicado en la factura de tu compañía eléctrica.

D. **Tarifa de consumo eléctrico que tienes contratada** (tarifa 2.0 A, tarifa 2.0 DHA o tarifa 2.0 DHS). Este dato viene indicado en la factura de tu compañía eléctrica.

E. **Distancia que recorres habitualmente** cada día (km).

F. **Tiempo disponible para cargar por la noche** (en horas).

G. **¿Tienes la posibilidad de cargar en el trabajo?**: ¿qué tipo de corriente tienes disponible: continua, alterna monofásica o alterna trifásica?, ¿qué potencia tienes disponible?, ¿qué coste tiene?

H. ¿Realizas viajes largos?: ¿cuántos viajes haces al año?, **¿cuántos kilómetros recorres de media por cada viaje largo (km)?**

Una vez tengas todos estos datos podemos comenzar con los cálculos.

1. Cálculo de la potencia de carga

Este cálculo es fundamental y uno de los más importantes. **Es muy útil para estimar si la potencia que tenemos contratada en casa será suficiente para reponer la energía que usamos habitualmente a lo largo de un día.** También sirve para muchos otros cálculos que veremos en esta sección.

El cálculo es muy sencillo y se basa en una fórmula que ya ha aparecido en varias ocasiones en el manual; consulta las secciones 2.1 Unas nociones para empezar, 2.2 Características y tipos de carga y 2.3 Velocidad de carga si quieres repasar conceptos básicos.

La fórmula de cálculo es distinta según se trate de instalaciones monofásicas o trifásicas:

✓ Fórmula para instalaciones **monofásicas: Potencia = Voltaje x Intensidad ($P_{monofásica}$ = V x I).**

✓ Fórmula para instalaciones **trifásicas**: $P_{trifásica}$ = V x I x 1,73.

La potencia se expresa en vatios (W), el voltaje se expresa en voltios (V) y la intensidad de corriente, en amperios (A). Como **habitualmente se usan los kilovatios (kW) para la potencia** y los kilovatios hora (kWh) para la energía almacenada en la batería, **el resultado del cálculo de la potencia lo dividiremos entre 1 000 para transformar el resultado de W a kW**.

Aunque el voltaje puede variar ligeramente a lo largo de una instalación, se suele tomar constante para los cálculos: **230 V para las instalaciones monofásicas y 400 V para las instalaciones trifásicas**.

La intensidad de corriente es el valor que podemos modificar desde el propio vehículo o en el punto de carga doméstico (en el caso de tener instalado un cargador inteligente tipo *wallbox*).

En la sección 2.3 Velocidad de carga se exponen unas tablas que ilustran de un vistazo todos los escenarios de carga posibles en función del número de amperios (intensidad de corriente) y del tipo de corriente, con el fin de evitar así tener que hacer cálculos.

Es muy importante señalar que deberás tener en cuenta la potencia máxima y el tipo de corriente (especialmente en el caso de los puntos de carga públicos), tanto del punto de carga como del vehículo, ya que no siempre vas a poder aprovechar la máxima potencia disponible, sobre todo si tu vehículo no puede cargar en corriente alterna trifásica. Si solo puedes cargar en corriente monofásica hasta 7,4 kW, cuando te conectes a un punto trifásico de 22 kW sí que podrás aprovechar la potencia máxima de carga de tu vehículo (22/3 = 7,4) mediante el cable portátil Tipo 2, pero si el punto ofrece 11 kW en trifásica únicamente podrás aprovechar 3,7 kW (11/3).

Esto es así porque el conector de un coche que carga en corriente monofásica solo tiene un pin o borne para la fase (L1), y el punto de carga trifásico tiene tres pines (L1, L2 y L3), dos de los cuales se quedarían sin conectar.

En la sección 2.5 Tipos de conectores, en la imagen del conector Tipo 2 (Mennekes) se puede apreciar que los dos pines inferiores (L3 y L2) no tienen recubrimiento interno metálico, por lo que se trata de un cable de carga monofásico.

2. Cálculo del tiempo de carga

Este cálculo es también muy útil e importante. **Deberás conocer la energía que vas a cargar (kWh) y la potencia de carga (kW).**

Si por ejemplo necesitas recargar diariamente **20 kWh** al llegar a casa del trabajo a una potencia eléctrica de **2,8 kW (12 A)**, realiza el siguiente cálculo para conocer el tiempo que conlleva:

✓ DIVIDE **20 kWh (energía)** entre **2,8 kW (potencia)**, y obtendrás un tiempo de carga de **7,14 horas**.

Como **el rendimiento eléctrico de la carga de un vehículo eléctrico es de alrededor del 90 %**, cuando se hayan tomado de la red los 20 kWh en realidad se habrán cargado dentro de la batería 18 kWh (20 x 0,90). Para averiguar la energía real que debe tomarse de la red para que se carguen esos 20 kWh en la batería, **deberemos multiplicar el resultado del cálculo (7,14 horas) por 1,10 (un 10 % de más)**, con lo que el resultado será de **7,85 horas**. No varía mucho, pero al cabo de muchas recargas el tiempo total cambiará bastante, por lo que **es muy importante tenerlo en cuenta**.

En la sección 2.9 Cuánto cuesta cargar se exponen unas tablas representativas de todos los tiempos de carga más habituales.

3. Cálculo de la capacidad de batería que necesitas para tus desplazamientos habituales

Para calcular la capacidad de batería mínima que necesitas para cubrir los kilómetros que recorres diariamente, **deberás tener en cuenta el consumo medio del vehículo eléctrico (kWh/100 km) y la distancia que recorres diariamente entre cada recarga (km)**, aplicando un **margen de seguridad de un 25 % de más** para prever un posible aumento del consumo por causas climatológicas, etc. La distancia entre recargas puede ser entre casa y el trabajo o la distancia total desde que sales de casa hasta que regresas (si no tienes donde cargar mientras trabajas).

El consumo medio puede ser el homologado por el fabricante o el consumo real, que es el que obtendrás tú según tu estilo de conducción, el trayecto y las condiciones climatológicas. **Si no tienes todavía un vehículo eléctrico, deberás tener cuenta el consumo medio homologado.**

Si por ejemplo el vehículo tuviera un consumo medio de **17 kWh/100 km** y recorrieses **50 km** al día en total (sin cargar en el trabajo), realiza el siguiente cálculo para conocer la capacidad de batería que necesitas:

✓ MULTIPLICA **17 kWh/100 km (consumo medio)** por **50 km (distancia)** y DIVIDE el resultado entre **100**, y obtendrás la capacidad de batería que necesitas: **8,5 kWh**.

Para conocer cuánto debes cargar la batería para prever un consumo de autonomía extra, **multiplica el resultado anterior por 1,25 (10,6 kWh).**

Un truco para entender este cálculo de manera rápida: si el coche necesita 17 kWh para recorrer 100 km, entonces para recorrer esos 50 km (la mitad) la energía necesaria será también la mitad (17/2 = 8,5 kWh).

Esta es la energía que necesitarías cada día para recargar tu vehículo eléctrico, lo que implica que el tiempo de recarga es muy escaso (menos de 4 horas realizando una carga lenta a una potencia de 2,8 kW, que es lo que entrega un enchufe Schuko doméstico a una intensidad de 12 A), por lo que resultaría totalmente innecesario en este caso concreto incrementar la potencia de carga.

4. Cálculo del consumo medio a partir del consumo de batería y de la distancia recorrida

Conociendo la cantidad de energía de la batería consumida en un trayecto determinado podemos calcular el consumo medio real. La energía consumida te la puede calcular el coche, aunque también podemos hallarla restando la autonomía que tenemos al final del trayecto a la autonomía inicial (en kilovatios hora).

Por ejemplo, si has consumido **30 kWh** y has recorrido **156 km**, realiza el siguiente cálculo para conocer el consumo medio:

✓ MULTIPLICA **30 kWh (consumo de batería)** por **100** y DIVIDE el resultado entre **156 km (distancia)**, y obtendrás tu consumo medio real: **19,23 kWh/100 km**.

5. Cálculo de la velocidad de carga (o incremento de autonomía)

Como ya se ha explicado en la sección 2.3 Velocidad de carga, esta se puede traducir como la **cantidad de kilómetros de autonomía que almacenamos en la batería durante el proceso de carga**. Para poder calcular la autonomía (en kilómetros) por cada ciclo de carga que realices, **deberás conocer la energía almacenada (kWh) y el consumo medio del vehículo (kWh/100 km)**.

Vamos a considerar los datos del tercer cálculo: **8,5 kWh** (energía almacenada en la batería) y **17 kWh/100 km** (consumo medio del vehículo). Ahora realizamos el siguiente cálculo para conocer la velocidad de carga:

✓ MULTIPLICA **8,5 kWh (energía almacenada en la batería)** por **100** y DIVIDE el resultado entre **17 kWh/100 km (consumo medio del vehículo)**, y obtendrás un resultado de **50 km de autonomía cargados**, que es justo la distancia del ejemplo.

Para saber qué porcentaje de batería representa esa autonomía, tendrás que dividir la energía almacenada en la batería entre su capacidad útil total (**8,5 kWh/52 kWh**), lo que nos da un resultado del **16 %**. Este podría ser un ejemplo aplicable al Renault Zoe, cuya batería de mayor capacidad es la que he usado para el cálculo.

6. Cálculo de la autonomía incrementada por cada hora de carga

Este cálculo es útil para conocer cuál es la autonomía que ganamos por cada hora de carga, ya sea en casa o en un punto de carga público. **Para** realizar el cálculo deberás conocer la potencia a la que estás cargando (kW) y el consumo medio del vehículo (kWh/100 km).

Recuerda que, tal y como se ha explicado en el primer cálculo de esta sección, **es muy importante tener en cuenta el tipo de corriente (alterna monofásica o alterna trifásica), tanto del punto de carga como del vehículo,** para poder conocer la potencia real a la que vas a cargar en función de si tu vehículo puede cargar en trifásica o no.

Si quieres conocer qué autonomía vas a ganar al cargar en casa y tienes un *wallbox* instalado, deberás ajustar en primer lugar la potencia máxima del mismo en función de la potencia que tengas instalada. Si en cambio vas a usar un enchufe Schuko de 12 A, entonces deberás regular la potencia de carga desde el propio vehículo para que no exceda esa potencia cuando se esté cargando.

Como es muy habitual tener una potencia contratada de 3,45 kW (15 A), vamos a tomar **para el cálculo 3,22 kW (14 A)**, que es la máxima intensidad a la que podremos cargar sin exceder la potencia contratada, y un consumo medio de **17 kWh/100 km**. Con esos datos, el cálculo quedaría de la siguiente forma:

- ✓ MULTIPLICA **3,22 kW (potencia máxima a la que vas a cargar)** por **100** y DIVIDE el resultado entre **17 kWh/100 km (consumo medio del vehículo)**, y obtendrás la autonomía incrementada por cada hora de carga: **18,94 km**.

En la sección 2.3 Velocidad de carga se explican todos estos conceptos y cálculos de manera muy detallada; las tablas que se ilustran al final de dicha sección representan prácticamente todos los escenarios posibles de carga en función del número de amperios (intensidad de corriente) con el fin de ahorrarte hacer cálculos.

No obstante, generalmente los vehículos eléctricos disponen de un sistema de gestión de carga que ya nos aporta este (y otros muchos datos) sin tener que realizar nosotros ningún cálculo, como puedes ver a continuación en esta **imagen tomada de la pantalla de un Tesla Model 3**:

7. Cálculo de la carga realizada (energía almacenada en la batería)

Este cálculo es muy sencillo de realizar, y nos permite conocer cuál es la cantidad de energía que hemos almacenado en la batería durante el proceso de carga. **Deberás conocer la potencia a la que estás cargando (kW) y el tiempo de carga (en horas).**

Para conocer la carga realizada en casa durante las **6 horas** del periodo supervalle, suponiendo que tienes una potencia de carga máxima programada a **3,22 kW**, realiza el siguiente cálculo:

✓ MULTIPLICA **3,22 kW (potencia a la que vas a cargar)** por **6 horas (tiempo de carga)**, y obtendrás un resultado de cerca de **19 kWh** añadidos a la batería de tu vehículo eléctrico.

Con el 90 % de rendimiento (multiplicando el resultado que has obtenido por el valor 0,90), como hemos hecho en el segundo cálculo, podrás ver que en realidad has cargado unos 17 kWh, **2 kWh menos**. Nuevamente, si hablamos de una carga breve la diferencia no será muy representativa, pero si se prolonga durante mucho más tiempo, sí llegará a influir.

8. Cálculo del coste de recorrer 100 km

Para calcular el coste de recorrer 100 km, que es la distancia que se emplea para especificar el consumo medio de un vehículo en general, **debemos conocer de antemano el coste de la energía (€/kWh) y el consumo medio del vehículo (kWh/100 km)**. En la sección 2.9 Cuánto cuesta cargar se exponen todos los detalles que necesitas conocer y unas tablas con varios ejemplos de cálculo.

Si en una estación de carga rápida cargamos nuestro coche eléctrico a un precio de **0,30 €/kWh**, con un consumo medio de **17 kWh/100 km**, el coste de recorrer 100 km será el siguiente:

✓ MULTIPLICA **0,30 €/kWh (coste)** por **17 kWh/100 km (consumo medio del vehículo)**, y obtendrás un resultado de **5,10 €/100 km**.

No obstante, los puntos de carga, ya sean privados o públicos, indican la cantidad de energía que se ha entregado durante el proceso de carga y el coste asociado.

Debido a las pérdidas que se producen en dicho proceso, la energía contabilizada será mayor que la que realmente se ha almacenado en la batería, alrededor de un 10 % (rendimiento del 90 %), puesto que una parte se ha perdido en forma de calor, aunque la energía contabilizada será la que se nos cobrará.

9. Cálculo del coste de la carga

Para calcular el coste de la carga **debemos conocer primeramente el coste de la energía (€/kWh) y la carga realizada (kWh)**.

Si en la estación de carga rápida del cálculo anterior (**0,30 €/kWh**) cargamos **20 kWh**, el coste de la carga será el siguiente:

✓ MULTIPLICA **0,30 €/kWh (coste)** por **20 kWh (carga realizada)**, y obtendrás un resultado de **6 €**.

Como en el cálculo anterior, habrá que tener en cuenta las pérdidas que se producen en el proceso de carga, ya que la energía contabilizada será mayor (un 10 %) que la que realmente se ha almacenado en la batería, puesto que una parte se ha perdido en forma de calor.

10. Cálculo de la autonomía útil disponible

Como hemos visto ya en el apartado anterior, para calcular la autonomía útil disponible en nuestro vehículo eléctrico **debemos conocer la autonomía teórica homologada** en el ciclo WLTP (si es posible aplicaremos el ciclo americano EPA, más realista), **la capacidad útil teórica de la batería (kWh), el consumo medio real (kWh/100 km o Wh/km) y la degradación de la batería (%)**.

Consideremos para el cálculo un **Hyundai Kona Electric**, cuya batería tiene una **capacidad útil teórica de 64 kWh**, un consumo real mixto de 16 kWh/100 km (o 160 Wh/km) y una autonomía teórica homologada de **415 km en el ciclo EPA** (frente a los 480 km en el ciclo WLTP), con dos años y alrededor de 50 000 km recorridos. Vamos paso a paso:

- ✓ Autonomía útil teórica según el consumo real: DIVIDE **64 000 (Wh)** entre **160 (Wh/km)**, y obtendrás un resultado de **400 km**.

- ✓ Autonomía útil teórica con una degradación del 6 %: MULTIPLICA **400 km** por **0,94** (94 % útiles de la batería), y obtendrás un resultado de **376 km**.

- ✓ Autonomía útil disponible usando un 60 % de batería y con la degradación del 6 %: MULTIPLICA **376 km** por **0,6** (60 % que se usa de la batería), y obtendrás **226 km**.

- ✓ Autonomía útil disponible usando un 80 % de batería y con la degradación del 6 %: MULTIPLICA **376 km** por **0,8** (80 % que se usa de la batería), y obtendrás **301 km**.

- ✓ Autonomía útil disponible usando un 90 % de batería y con la degradación del 6 %: MULTIPLICA **376 km** por **0,9** (90 % que se usa de la batería), y obtendrás **338 km**.

11. Cálculo de amortización

Este es el cálculo más complejo y amplio de todos, puesto que es el que más información nos puede aportar. Para comparar los costes de un vehículo con motor de combustión y de un vehículo eléctrico, se deben considerar y valorar los siguientes aspectos:

- Años de uso previstos.
- Distancia que recorres cada día o cada año, según la aplicación de cálculo que uses.
- Precio del combustible (€/L) y de la electricidad (€/kWh).
- Precio de compra de los dos vehículos a comparar.
- Coste del punto de carga propio (considerando la instalación si procede).
- Gasto mensual en párkings públicos.
- Impuesto de matriculación de ambos vehículos.
- Impuesto de circulación de ambos vehículos.
- Coste anual y total en mantenimiento.
- Tarifa anual del seguro de ambos vehículos.

Para realizar estos cálculos podemos ayudarnos con las herramientas disponibles en internet. Voy a realizar una **comparativa de los costes de mantenimiento entre el modelo eléctrico y el diésel del Volkswagen Golf** aprovechando los datos simulados en la sección 1.2 Por qué comprar un vehículo eléctrico mediante la aplicación web de Volkswagen.[52]

Una regla rápida para conocer el dinero ahorrado a lo largo de 12 años es considerar el número de kilómetros que recorremos en un año, y esa será la cantidad de dinero que ahorraremos aproximadamente.

---

[52] Volkswagen, «Calcula el mantenimiento de tu Volkswagen», s/f, https://calculatumantenimiento.volkswagen.es.

Esos datos los uso para hacer la simulación en la <u>aplicación web de</u> <u>Emobility Advisor</u>,[53] que quedaría de la siguiente manera:

	VW Golf diésel	VW e-Golf
Años de uso previstos	12 años	
Distancia recorrida al día (aprox.)	55 km/día	
Distancia recorrida al año (aprox.)	20 000 km/año	
Precio de combustible / electricidad	1,10 €/L	0,08 €/kWh
Consumo de combustible / electricidad	5 L/100 km	17 kWh/100 km
Precio de compra	30 000 €	35 000 €
Punto de carga propio ya instalado	-	1 100 €
Gasto mensual en párkings públicos	40 €/mes	0 €/mes
Impuesto de matriculación	900 €	0 €
Impuesto de circulación	144 €/año	36 €/año
Coste anual en mantenimiento	312 €/año	107 €/año
Coste total en mantenimiento	3 749 €	1 289 €
Tarifa anual del seguro	400 €/año	400 €/año
Ahorro anual en el e-Golf	1 663 €/año	
Tiempo de amortización	3,13 años	

---

[53] Emobility Advisor, «Calculador de Emobility Advisor», s/f, https://emobilityadvisor.com/ahorro-coche-electrico.

Si repetimos los cálculos, pero variamos el precio de compra del vehículo de combustión, la tabla quedaría de la siguiente forma:

	VW Golf diésel	VW e-Golf
Años de uso previstos	12 años	
Distancia recorrida al día (aprox.)	55 km/día	
Distancia recorrida al año (aprox.)	20 000 km/año	
Precio de combustible / electricidad	1,10 €/L	0,08 €/kWh
Consumo de combustible / electricidad	5 L/100 km	17 kWh/100 km
Precio de compra	15 000 €	35 000 €
Punto de carga propio ya instalado	-	1 100 €
Gasto mensual en párkings públicos	40 €/mes	0 €/mes
Impuesto de matriculación	900 €	0 €
Impuesto de circulación	144 €/año	36 €/año
Coste anual en mantenimiento	312 €/año	107 €/año
Coste total en mantenimiento	3 749 €	1 289 €
Tarifa anual del seguro	400 €/año	400 €/año
Ahorro anual en el e-Golf	1 663 €/año	
Tiempo de amortización	12,14 años	

Vamos a hacer ahora un interesante cálculo para ver otra comparativa. Esta vez usaremos la aplicación de cálculo del sitio web Tesla para todos,[54] desarrollado por **Lars**, donde se puede comparar un vehículo Tesla con otro de combustión. A continuación, te muestro las interesantes conclusiones a las que se llega con la comparativa hecha por **Saúl López** en el vídeo publicado en su canal de YouTube:[55]

---

[54] Tesla para todos, «Comparador de costes», s/f, https://www.teslaparatodos.com/coste-total-de-propiedad.

[55] Canal de YouTube de Saúl López, «Cuál es más caro: TESLA vs BMW vs SEAT», 10 de julio de 2019, https://www.youtube.com/watch?v=EWhdosGdF3o.

	BMW Serie 3	Tesla Model 3 SR+
Años de uso previstos	10 años	
Distancia recorrida al día (aprox.)	55 km/día	
Distancia recorrida al año (aprox.)	20 000 km/año	
Precio de combust. / electricidad	1,23 €/L	0,10 €/kWh
Precio de la carga en *SuperCharger*	-	0,29 €
Carga en los *SuperCharger*	-	10 %
Consumo combust. / electricidad	5,7 L/100 km	16,5 kWh/100 km
Precio de compra	38 600 €	49 180 €
Valor de reventa tras 10 años	7 000 €	13 696 €
Punto de carga propio ya instalado	-	530 €
Gasto anual en párkings públicos	100 €/año	0 €/año
Impuesto de matriculación	900 €	0 €
Coste anual en mantenimiento	350 €/año	0 €/año
Coste anual mantenim. frenos	50 €/año	0 €/año
Coste de los neumáticos	200 €/año	200 €/año
Tarifa anual del seguro	700 €/año	700 €/año
Gasto total en reparaciones	5 000 €	1 000 €
Otros	0 €	0 €
Coste neto tras su venta	31 600 €	36 014 €
Gasto en combust. / recargas	14 022 €	3 927 €
Otros gastos (mantenimiento...)	19 000 €	10 000 €
Coste total en propiedad (10 años)	**64 622 €**	**49 941 €**

La tabla muestra que el Tesla nos estaría costando en realidad 36 014 € (coste neto del vehículo tras venderlo a los 10 años de haberlo comprado y recuperar el valor de reventa), y el BMW, 31 600 €.

Es más barato el precio de este que el del Tesla. Pero después de considerar todos los costes tras diez años de uso, vemos al final de la tabla que el coste total en propiedad (TCO) del Tesla asciende a 49 941 € mientras que el del BMW sube hasta los 64 622 €.

Esto se explica por el coste de las recargas en el Tesla (3 927 €) frente al coste del combustible en el BMW (14 022 €), y por los demás gastos asociados (10 000 € del Tesla frente a los 19 000 € del BMW).

De esta manera, queda demostrado una vez más que incluso teniendo un coste de adquisición bastante más elevado, el Tesla Model 3 de la comparativa a la larga sale muchísimo más económico que el BMW con motor diésel (con unas prestaciones y una calidad de rodadura inferiores a las del Tesla, excepto en la autonomía).

Pero es que incluso si comparamos coches tan diferentes entre sí como el Tesla Model 3 del cálculo anterior con un SEAT León 1.4 TSI de 150 CV, los resultados siguen siendo ventajosos para el coche eléctrico. En la página siguiente puedes ver la tabla resumen con todos los datos:

	SEAT León 1.4 TSI	Tesla Model 3 SR+
Años de uso previstos	10 años	
Distancia recorrida al día (aprox.)	55 km/día	
Distancia recorrida al año (aprox.)	20 000 km/año	
Precio de combust. / electricidad	1,33 €/L	0,10 €/kWh
Precio de la carga en *SuperCharger*	-	0,29 €
Carga en los *SuperCharger*	-	10 %
Consumo combust. / electricidad	6 L/100 km	16,5 kWh/100 km
Precio de compra	23 290 €	49 180 €
Valor de reventa tras 10 años	4 000 €	13 696 €
Punto de carga propio ya instalado	-	530 €
Gasto anual en párkings públicos	100 €/año	0 €/año
Impuesto de matriculación	900 €	0 €
Coste anual en mantenimiento	250 €/año	0 €/año
Coste anual mantenim. frenos	50 €/año	0 €/año
Coste de los neumáticos	200 €/año	200 €/año
Tarifa anual del seguro	700 €/año	700 €/año
Gasto total en reparaciones	5 000 €	1 000 €
Otros	0 €	0 €
Coste neto tras su venta	19 290 €	36 014 €
Gasto en combust. / recargas	15 960 €	3 927 €
Otros gastos (mantenimiento...)	18 000 €	10 000 €
Coste total en propiedad (10 años)	**53 250 €**	**49 941 €**

Por último, no puedo dejar de mencionar otra interesante comparativa realizada por **Raúl Comino** en el vídeo publicado en su canal de YouTube.[56]

---

[56] Canal de YouTube de Raúl Comino, «50 000 kms parte 2 - Consumo, gasto y estado de batería», 17 de junio de 2019, https://www.youtube.com/watch?v=wHawl4tcJ6g&t.

3.4 **Elige tu coche eléctrico**

Una vez aclarados todos los aspectos a tener en cuenta a la hora de seleccionar tu futuro vehículo eléctrico, únicamente queda estudiar cuál es el que más te conviene. Para hacerte esta tarea más sencilla, te invito a que visites la página web _Electric Vehicle Database_,[57] que aunque está en inglés, es la única y más completa que existe actualmente concebida específicamente para vehículos eléctricos. La información se encuentra ordenada en función de los siguientes criterios:

- Según los más vistos.
- Por orden alfabético.
- Por precio más bajo.
- Por precio más alto.
- Por rango de autonomía
- Por eficiencia.
- Según la carga rápida.
- Según la aceleración.
- Según la disponibilidad.

Además, podemos filtrar la información mostrada en pantalla según fabricante ("_Make_"), precio ("_Price_"), tipo de vehículo ("_Body Style_") y disponibilidad ("_Availability_"); pulsando sobre el botón "_More options_" (más opciones), nos aparecen nuevos menús desplegables para filtrar por conector de carga ("_Charge Plug_"), segmento ("_Segment_"), número de asientos ("_Seats_") y tipo de tracción ("_Drive_").

En este caso podemos ver también unas barras deslizables en horizontal para acotar aún más nuestra búsqueda, según: autonomía ("_Range_"), aceleración ("_Acceleration_"), velocidad máxima ("_Top Speed_"), capacidad

---

[57] Electric Vehicle Database, «_Electric Vehicle Database_», s/f, https://ev-database.org.

de batería ("*Battery*"), eficiencia ("*Efficiency*") y autonomía que ganamos en carga rápida ("*Fastcharge*").

A continuación, puedes ver cómo se muestran los distintos selectores de la tabla para buscar nuestro coche eléctrico:

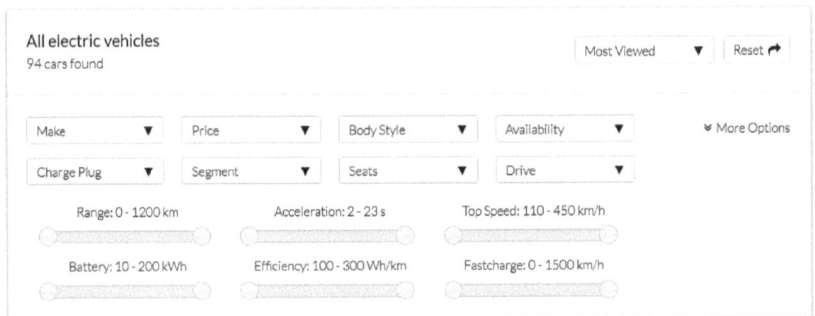

Haciendo clic sobre el modelo de vehículo acerca del que queremos más información, accedemos a una completa galería de fotos y a información sobre la capacidad utilizable de la batería, sobre la autonomía y sobre la eficiencia, así como los precios en Reino Unido (en libras), Países Bajos (en euros) y Alemania (en euros).

Desplazándonos hacia abajo en la tabla vemos información relativa a la autonomía según la temperatura exterior y el tipo de vía, a las prestaciones del vehículo, a la batería y a la potencia y tiempos de carga.

Y ya por último, para completar la selección del modelo de coche eléctrico que más encaje con tus necesidades, es hora de hacer una buena comparativa de precios que te permita ahorrar en la compra. Para esto, <u>te sugiero que consultes la página web Carwow,</u>[58] que no es otra cosa que un comparador de precios de vehículos nuevos y de kilómetro 0 dentro de la red de concesionarios.

Una vez te des de alta como nuevo usuario e introduzcas los datos del vehículo de tu interés, recibirás dentro de las próximas horas un listado de

---

[58] Carwow, «El comparador de ofertas para tu coche nuevo», s/f, https://www.carwow.es.

precios de distintos concesionarios para que puedas comparar y decidir por el que más te convenga antes de ir personalmente, ya que el ahorro puede ser de hasta 4 000 €.

Además, deberás estar atento a las ayudas económicas que haya disponibles en el momento de la compra, ya sean del Estado o del propio concesionario, ya que el ahorro puede ser muy considerable. Actualmente, las ayudas para los vehículos eléctricos están comprendidas entre los 7 000 € y los 4 500 €, en función de si se entrega o no un vehículo viejo para achatarrar, respectivamente.

APÉNDICE

AGRADECIMIENTOS Y BIBLIOGRAFÍA

APÉNDICE: AGRADECIMIENTOS Y BIBLIOGRAFÍA

Espero sinceramente que la lectura de este libro te haya ayudado a comprender todo lo concerniente a la movilidad eléctrica y sostenible. Asimismo, deseo haberte ayudado a tomar la decisión más adecuada en la compra de tu vehículo eléctrico y a reducir el impacto medio ambiental en tus desplazamientos. **Gracias por tu lectura.**

Quiero **agradecer muy especialmente la colaboración de Fanny Belda Jorques y de Raúl Comino Caballero**, por la revisión y corrección final que han aportado a esta obra. Sin ellos el resultado nunca hubiera sido el mismo.

Ya por último, no puedo dejar de **mencionar, reconocer y agradecer el gran trabajo de divulgación realizado por Saúl López, Lars, Daniel Pérez, Pedro Huckelberry, Raúl Comino, Jose «Tesla vlogs», Eduardo Arcos, Juan Vidal Haces, Manuel Martos y Clío Beruete** a través de sus canales de YouTube y portales web. Sin saberlo, han estado alimentando de forma constante el alma de este libro. A continuación te los presento a todos por orden cronológico conforme fui conociéndolos. **Te invito a que los visites y te suscribas (es gratuito) para estar al día de todo lo referente a la movilidad eléctrica.**

Canal de Saúl López en YouTube. Fue el primer canal de YouTube dedicado a la movilidad eléctrica que conocí y al que me suscribí, en el año 2014. Es un canal centrado en la movilidad eléctrica y muy especialmente en Tesla, puesto que Saúl tuvo un Tesla Model S (además de un Nissan Leaf), un Tesla Model 3 Performance y, ahora, es poseedor de un Tesla Model 3 Standard de 2022. Ha publicado infinidad de vídeos muy detallados acerca del funcionamiento y el uso diario de sus coches eléctricos, así como de otros modelos del mercado que ha probado.

Aunque lo que yo personalmente más pongo en valor de este canal son los vídeos dedicados a crear conciencia medio ambiental con datos concretos, comparativas contrastadas y un claro mensaje de respeto a nuestro planeta. Y no en vano, ya que Saúl López es divulgador y *E-mobility manager* en la Federación Europea de Transporte y Medio Ambiente, además de fundador y Presidente de pasatealoelectrico.es, Vicepresidente del Club Tesla España y Consejero en Zunder.

Este es el enlace al canal de **Saúl López en YouTube**: youtube.com/c/SaulLopezTesla.

Puedes también seguirle en **X (Twitter)** como @slcuervo.

Canal de Lars «Todos Eléctricos» en YouTube. Este canal de YouTube deriva de otro que se denominaba «Tesla para Todos». Se aporta mucha información sobre vehículos eléctricos en general, incluyendo noticias, *reviews*, pruebas y opiniones. Semanalmente se repasan las noticias más importantes de Tesla en el programa «Tesla para Todos», con la entrañable e inestimable colaboración de Sara, su hija, en un tono muy ameno y distendido, a la par que riguroso.

Lars es danés, reside en Madrid y posee dos Tesla Model 3 Gran Autonomía.

Este es el enlace al canal de **Lars «Todos Eléctricos» en YouTube**: youtube.com/c/TodosElectricos.

Además, puedes visitar sus páginas **web** TodosElectricos.com y TeslaParaTodos.com, así como escuchar sus **podcasts** en anchor.fm/Es-Tesla y seguirle en **X (Twitter)** (@TodosElectricos, @TeslaParaTodos y @EsTeslaPodcast).

Canal de Daniel Pérez en YouTube. Daniel Pérez es el CEO de la compañía Zunder, cuya misión es crear una red de carga rápida propia que permita viajar en vehículo eléctrico y permitir la planificación de los viajes con su planificador de rutas. A lo largo de este el libro se ha citado en multitud de ocasiones, ya que es un referente en la recarga de vehículos en España.

Pues bien, Daniel Pérez también tiene su propio canal en YouTube donde, además de informar sobre todas las novedades de Zunder (como las nuevas estaciones de carga que se van abriendo), ofrece a sus seguidores las noticias más importantes dentro la movilidad eléctrica y una sección de preguntas y respuestas.

Daniel Pérez posee un Tesla Model Y.

Este es el enlace al canal de **Daniel Pérez en YouTube**: youtube.com/c/DanielPerezEV.

También puedes visitar la página **web de Zunder**, zunder.com, y el perfil publicado en LinkedIn, accediendo a linkedin.com/company/zundereu.

Puedes seguir a Daniel Pérez en **X (Twitter)** como @DanielPerezEV y en **Instagram** como danielperezev.

Canal de Pedro Huckelberry en YouTube. Este es un canal dedicado a cubrir la actualidad de la movilidad eléctrica en su más amplio espectro. Pedro publica un vídeo cada día. Si quieres mantenerte al día de los nuevos modelos que van a salir al mercado, de la instalación de nuevas estaciones de carga, de los últimos movimientos de Tesla o de las estadísticas de ventas mes a mes, Pedro no te defraudará.

Este es el enlace al canal de **Pedro Huckelberry en YouTube**: youtube.com/c/PedroHuckelberry.

Puedes seguir a Pedro en **X (Twitter)** como @pedrohuckel.

Canal de Raúl Comino en YouTube. Raúl centra sus esfuerzos en su canal de YouTube en promover la movilidad eléctrica proyectando el foco sobre su coche eléctrico, un Hyundai Ioniq Electric. Nos va presentando en sucesivos vídeos todas las características de su vehículo, y es capaz de describir con exquisito detalle todos los viajes que realiza (planificación previa, análisis de consumos, autonomías, prestaciones, etc.).

Este es el enlace al canal de **Raúl Comino en YouTube**: youtube.com/channel/UC6qYvVjtiQ6qWROz3zQsvHA/featured.

También puedes seguirle en **X (Twitter)** como @RaulComino.

Canal de Jose «Tesla vlogs» en YouTube. Si buscas un canal centrado en Tesla, y en el que se aborden de una manera muy técnica y detallada aspectos como el funcionamiento y la recarga de la batería, consejos de conducción y actualizaciones de los vehículos, no deberías perderte los vídeos de este canal.

Jose tiene un Tesla Model Y Standard de 2023 y un Tesla Model S 90D.

Jose ha creado el **manual «Tesla para principiantes»**, donde explica las nociones más básicas e importantes para todas aquellas personas que estén interesadas en adquirir un vehículo eléctrico o en ampliar sus conocimientos. Puedes buscarlo directamente en YouTube o escaneando el código QR ubicado en el anexo final. Este es su enlace directo: youtube.com/playlist?list=PL3pfOHps5rJKkYXfyvsi88qCn3-xSvDu7.

Este es el enlace al canal de **Jose «Tesla vlogs» en YouTube**: youtube.com/c/teslavlogs/featured.

Puedes unirte a los diferentes grupos de Telegram de Jose que verás en la sección "Más información" de su canal de YouTube (enlace: youtube.com/c/teslavlogs/about).

También puedes seguirle en **X (Twitter)** como @teslavlogs.

Canal de Eduardo Arcos en YouTube. Eduardo nació en Ecuador, estudió en México y continuó su andadura por otros dos países, siendo su lugar de residencia actual Madrid. Desde bien pequeño ha estado vinculado a la tecnología, algo que ha determinado su enfoque en la tecnología, la ciencia y la cultura digital, y que fueron los cimientos de su proyecto Hipertextual, ya citado en este libro.

En 2019 inicia su segundo proyecto, el canal de YouTube sobre la movilidad eléctrica, donde hace especial hincapié en Tesla, y los grandes avances en la conducción autónoma total. Si quieres conocerlo mejor, accede a su página personal arcos.co.

Eduardo tuvo un Tesla Model 3 Gran Autonomía y ahora posee un Tesla Model S Plaid.

Este es el enlace al canal de **Eduardo Arcos en YouTube**: youtube.com/c/earcos/featured.

Puedes seguir a Eduardo en **X (Twitter)** como @earcos y en **Instagram** como earcos.

Canal de Juan Vidal Haces en YouTube. Juan reside en Palma de Mallorca y fue propietario de un Tesla Model 3 Standard de 2019, el hermano pequeño de la familia Tesla, y ahora posee un Tesla Model Y. Su canal en YouTube está dedicado en especial a abordar todo lo relacionado con su anterior Tesla Model 3 SR+ y su actual Tesla Model Y, plasmando la realidad del día a día de este vehículo y sus ventajas e inconvenientes.

También hace guiños a la movilidad eléctrica en general, hablando sobre las ayudas destinadas a la movilidad eléctrica y entrevistando a otros usuarios de vehículos eléctricos.

Este es el enlace al canal de **Juan Vidal en YouTube**: youtube.com/c/JuanVidalHaces/featured.

Puedes seguir a Juan Vidal en **X (Twitter)** como @HacesVidal.

Canal de Manuel Martos en YouTube. Este canal se centra en contar las experiencias de Manuel Martos como usuario de un Tesla Model 3 Gran Autonomía, así como en dar respuesta a las preguntas y dudas sobre el mundo del vehículo eléctrico en general y sobre Tesla en particular, con comparativas de consumos y análisis de funcionalidades de su vehículo como el sistema autopilot, aplicaciones de móvil, etc.

Este es el enlace al canal de **Manuel Martos en YouTube**: youtube.com/channel/UC_CiP6ycwj1n8EmovEIMLkQ/featured.

Puedes seguir a Manuel en **X (Twitter)** como @mmrdeveloper.

Canal de Clío Beruete en YouTube. Clío Beruete se define como *periodista móvil*, y es una excepcional divulgadora de la movilidad eléctrica, la sostenibilidad y las energías renovables, cuyo objetivo es "promover el conocimiento de los nuevos avances tecnológicos que nos van a permitir tener una vida más saludable, cambiando nuestros hábitos de transporte y de consumo de energía".

Clío tiene un Nissan Leaf de primera generación.

Este es el enlace al canal de **Clío Beruete en YouTube**: youtube.com/user/cberuete/featured.

Puedes visitar su **página web**, clioberuete.com.

También puedes seguir a Clío en **X (Twitter)** y en **Facebook** como @CBeruete y en **Instagram** como clioberuete.

Sitios web, foros y asociaciones. A continuación, voy a listar las principales páginas web y foros especializados en el mundo de la movilidad eléctrica sostenible y las energías renovables. También quiero citar las principales asociaciones que agrupan a usuarios y a profesionales, cuya labor es fundamental para promocionar y poner en marcha proyectos que permitan implementar un modelo de transporte ecológico, sostenible y respetuoso con el medio ambiente:

- **Forococheselectricos.com**. Fue el primer sitio web en español dedicado en exclusiva al mundo de la movilidad sostenible, creado en 2008. Otro portal web interesante con el que te podrás mantener al día en todo lo relativo a los vehíclos eléctricos.

- **Hibridosyelectricos.com**. Es otro de los primeros sitios web dedicados a la movilidad eléctrica sostenible que se crearon, puesto que «Híbridos y Eléctricos (HyE)» vio la luz en el año 2010.

- **Movilidadelectrica.com**. Portal web informativo sobre vehículos eléctricos de todo tipo (coches, motos, bicis, etc.) así como todo el ecosistema que rodea al vehículo eléctrico: smart cities, recarga, legislación, coche autónomo, artículos técnicos...

- **Pasatealoelectrico.es**. «Pásate a lo eléctrico» es una asociación sin ánimo de lucro cuyo objetivo es defender y promover la movilidad eléctrica sostenible y las energías renovables, fundada por Saúl López y formada por un grupo de entusiastas y activistas por la causa. En ella se publican noticias y estudios relacionadas con los vehículos eléctricos y todo lo que gira en torno a las energías limpias y de origen renovable.

- **AEDIVE**, Asociación Empresarial para el desarrollo e impulso de la movilidad eléctrica. Esta asociación es un conglomerado de empresas, entidades e instituciones de todos los ámbitos que guardan relación con el mundo de la movilidad sostenible. Tiene sede en Madrid y en Bruselas, y representa en España a «AVERE», *The European Association for Electromobility*. Además, puedes consultar su sección de noticias, eventos y proyectos europeos. Sin duda, una web completísima que recomiendo que visites.

- **FOROEV**, Foro oficial de la Asociación de Usuarios de Vehículos Eléctricos **AUVE**. Foro de dicado en exclusiva a los vehículos eléctricos.

- **AVVE**, Asociación Valenciana del Vehículo Eléctrico de la Comunidad Valenciana.

- **Aeconve**, Asociación española para la conversión de vehículos a eléctricos.

- **Volt-Tour**, Asociación catalana promotora del vehículo eléctrico.

- **FUNME**, Fundación Nacional de Movilidad Eléctrica.

- **80%Eléctrico**, centro de formación profesional sobre reparación de vehículos eléctricos para toda España.

- **Electric Sun Mobility, S. Coop**. Es una cooperativa de consumidores y usuarios de cargadores de vehículos eléctricos que consume energía verde, sin ánimo de lucro, y que potencia las instalaciones de autoconsumo fotovoltaico. Ofrecen asesoramiento y desarrollan una red de recarga de cargadores rápidos para viajar por toda España.

- Canales de YouTube centrados en energías renovables: **Vortex Bladeless Wind Power** y **Onyx Solar** (en inglés).

- En lengua inglesa, recomiendo visitar los sitios web **Fully Charged** y **Electrek**, así como los canales de YouTube de **Ben Sullins**, de **Bjørn Nyland**, de **Munro Live** y de **Transport Evolved**.

- También existen diversas páginas web dedicadas al mundo del motor en general, que puntualmente publican algún artículo sobre un nuevo modelo de vehículo eléctrico o híbrido enchufable, o realizan comparativas interesantes entre distintos vehículos eléctricos entre sí. Como ejemplos más destacados, podría citar a **Motorpasion.com**, **Diariomotor.com**, **Autofacil.es** o **Coches.net**, contando esta última, además, con el catálogo más extenso en vehículos de ocasión disponible. Todas ellas tienen presencia en YouTube.

ANEXO

CÓDIGOS QR DE PÁGINAS WEB MENCIONADAS

ANEXO: CÓDIGOS QR DE PÁGINAS WEB MENCIONADAS

A continuación, expongo los códigos QR de las páginas web mencionadas en las notas a pie de página a lo largo del libro, con la finalidad de facilitar el acceso a las mismas. Para ello deberás escanear, con tu teléfono móvil o *tablet*, el código que encontrarás bajo el nombre de la página web para abrirlas directamente en tu navegador sin la necesidad de tener que escribir manualmente la dirección.

Nota 2 (página 13): MITECO (Ministerio para la Transición Ecológica y el Reto Demográfico), «Inventario Nacional de Gases de Efecto Invernadero (GEI)», diciembre de 2020:

Nota 3 (página 13): Parlamento Europeo, «Emisiones de CO_2 de los coches: hechos y cifras (infografía)», 22 de marzo de 2019, actualizado el 18 de abril de 2019:

Nota 4 (página 15): Asepa, «Boletines de Noticias de Automoción. Año 2020», diciembre de 2020:

Nota 5 (página 17): Wikipedia, «Humo diésel», s/f:

Nota 6 (página 18): La mirada del mendigo, «El problema de las emisiones en los nuevos motores de gasolina», 28 de noviembre de 2019:

Nota 7 (página 18): La mirada del mendigo, «Contaminación por partículas en motores Diesel y gasolina», 4 de septiembre de 2017:

Nota 8 (página 19): Canal de YouTube "GasTroll", «EV or Gas, What Pollutes More?», 25 de febrero de 2021:

Nota 9 (página 19): Canal de YouTube de Saúl López, «Coche eléctrico VS gasolina/diésel: ¿quién contamina más?», 1 de marzo de 2021:

Nota 10 (página 20): El País, «Hazte vegetariano, deja el coche y ten menos hijos si quieres luchar contra el cambio climático», 12 de julio de 2017:

Nota 11 (página 20): Canal de Saúl López en YouTube, «Eléctrico VS gasolina VS diésel: la batalla del CO2», 21 de abril de 2020:

Nota 12 (página 20): Transport & Environment, «How clean are electric cars?», 20 de abril de 2020:

Nota 13 (página 24): Hibridosyelectricos.com, «Baterías sin cobalto y níquel: ¿por qué da Tesla un paso atrás en la tecnología?», 19 de febrero de 2020:

Nota 14 (página 25): Transport & Environment, «El consumo de materias primas asociado a las baterías para coches eléctricos es mucho menor que el de los coches que funcionan con combustibles fósiles», 1 de marzo de 2021:

Nota 15 (página 26): Volkswagen, «Calcula el mantenimiento de tu Volkswagen», s/f:

Nota 16 (página 31): El periódico de la energía, «El V2G llega a España: la primera estación se instala en Cataluña de la mano de la portuguesa Magnum Cap», 16 de enero de 2019:

Nota 17 (página 32): Forocoscheseléctricos, «Según Nissan, los sistemas V2G proporcionan hasta 1 300 euros al año a los propietarios de un coche eléctrico», 11 de agosto de 2017:

Nota 18 (página 32): Electrek, «Tesla quietly adds bidirectional charging capability for game-changing new features [Updated]», 19 de mayo de 2020:

Nota 19 (página 34): Transport & Environment, «Plug-in hybrids: Is Europe heading for a new Dieselgate?», 22 de noviembre de 2020:

Nota 20 (página 35): Transport & Environment, «Diesel: the true (dirty) story», 18 de septiembre de 2017:

Nota 21 (página 36): Maldita.es, «¿El diésel contamina más que la gasolina? Sí y contribuye más al calentamiento global», 10 de febrero de 2020:

Nota 22 (página 37): La mirada del mendigo, «Emisiones contaminantes: Diesel vs híbrido», 23 de abril de 2018:

Nota 23 (página 40): Wikipedia, «Gas natural vehicular», s/f:

Nota 24 (página 41): Transport & Environment, «Un informe concluye que los coches de gas no son tan limpios como prometen», 15 de junio de 2020:

Nota 25 (página 41): Transport & Environment, «GNC y GNL para vehículos y buques: los hechos», 1 de octubre de 2018:

Nota 26 (página 41): Canal de Saúl López en YouTube, «GAS ¡NO! El gas es el nuevo diésel (Gasgate/Dieselgate)», 4 de diciembre de 2019:

Nota 27 (página 47): Canal de YouTube de Clío Beruete, «Términos eléctricos - ¿Tienes dudas?», 4 de octubre de 2019:

Nota 28 (página 56): V2C, «EV Portable», s/f:

Nota 33 (página 81): V2C, «Accesorios», s/f:

Nota 34 (página 88): Canal de YouTube de Juan Vidal Haces, «PDRs Domésticos. ¿Qué elegir?», 16 de mayo de 2021:

Notas 35, 38 y 39 (páginas 94, 95 y 96): Próxima Energía:

Nota 40 (página 96): Canal de YouTube de Juan Vidal Haces, «Nuevas Tarifas eléctricas. Nos afecta a la carga del Tesla Model 3?», 20 de junio de 2021:

Nota 42 (página 104): Cargacar, «Las electrolineras en España: ubicación, precios y cómo funcionan», 6 de junio de 2023:

Nota 43 (página 107): Canal de YouTube "Tesla vlogs" de Jose, «Ha fallado Tesla con su nueva bateria LFP? Model 3 SR+ LFP de CATL vs Panasonic Teslavlogs Español», 30 de diciembre de 2020:

Nota 44 (página 112): Forococheselectricos.com, «Volkswagen publica un gráfico con la autonomía del ID.3 bajo diferentes temperaturas externas», 21 de enero de 2020:

Nota 45 (página 114): Canal de YouTube de Raúl Comino, «Planificación viaje con coche eléctrico - Parte 1», 16 de noviembre de 2020:

Nota 46 (página 114): Canal de YouTube de Raúl Comino, «Planificación viaje con coche eléctrico Parte 2», 20 de noviembre de 2020:

Nota 47 (página 114): Canal de YouTube de Raúl Comino, «Planificación viaje con coche eléctrico Parte 3 - EL VIAJE DE IDA», 29 de noviembre de 2020:

Nota 48 (página 118): Canal de YouTube "Tesla vlogs" de Jose, «Tesla Model 3 confinado, lo que debes y no debes hacer», 4 de abril de 2020:

Nota 49 (página 125): Canal de YouTube de Saúl López, «Tesla Impact report 2019: el informe más importante de TESLA», 14 de junio de 2020:

Nota 50 (página 125): Canal de YouTube "Todos Eléctricos" de Lars, «Seguridad de un coche eléctrico según un bombero», 19 de abril de 2021:

Nota 51 (página 133): Canal de YouTube "Todos Eléctricos" de Lars, «Autonomía REAL de un TESLA MODEL 3 en viajes y en uso diario», 9 de mayo de 2020:

Nota 52 (página 151): Volkswagen, «Calcula el mantenimiento de tu Volkswagen», s/f:

Nota 53 (página 152): Emobility Advisor, «Calculador de Emobility Advisor», s/f:

Nota 54 (página 153): Tesla para todos, «Comparador de costes», s/f:

Nota 55 (página 153): Canal de YouTube de Saúl López, «Cuál es más caro: TESLA vs BMW vs SEAT», 10 de julio de 2019:

Nota 56 (página 156): Canal de YouTube de Raúl Comino, «50 000 kms parte 2 - Consumo, gasto y estado de batería», 17 de junio de 2019:

Nota 57 (página 157): Electric Vehicle Database, «Electric Vehicle Database», s/f:

Nota 58 (página 158): Carwow, «El comparador de ofertas para tu coche nuevo», s/f:

Canal de Saúl López en YouTube (página 164):

Perfil de Saúl López en X (Twitter) (página 164):

Canal de Lars «Todos Eléctricos» en YouTube (página 164):

Página web de Lars «Todos Eléctricos» (página 164):

Página web de Lars «Tesla Para Todos» (página 164):

Podcast de Lars (página 164):

Perfil de Lars «Todos Eléctricos» en X (Twitter) (página 164):

Perfil de Lars «Tesla Para Todos» en X (Twitter) (página 164):

Perfil de Lars «Es Tesla» en X (Twitter) (página 164):

Canal de Daniel Pérez en YouTube (página 164):

Página web de «Zunder» (página 164):

Perfil de Zunder en LinkedIn (página 164):

Perfil de Daniel Pérez en X (Twitter) (página 165):

Perfil de Daniel Pérez en Instagram (página 165):

Canal de Pedro Huckelberry en YouTube (página 165):

Perfil de Pedro Huckelberry en X (Twitter) (página 165):

Canal de Raúl Comino en YouTube (página 165):

Perfil de Raúl Comino en X (Twitter) (página 165):

Canal de Jose «Tesla vlogs» en YouTube (página 166):

Manual «Tesla para principiantes» de Jose «Tesla vlogs» en YouTube (página 166):

Grupos de Telegram de Jose «Tesla vlogs» en la sección "Más información" de su canal de YouTube (página 166):

Perfil de Jose «Tesla vlogs» en X (Twitter) (página 166):

Canal de Eduardo Arcos en YouTube (página 166):

Perfil de Eduardo Arcos en X (Twitter) (página 166):

Perfil de Eduardo Arcos en Instagram (página 166):

Canal de Juan Vidal Haces en YouTube (página 167):

Perfil de Juan Vidal Haces en X (Twitter) (página 167):

Canal de Manuel Martos en YouTube (página 167):

Perfil de Manuel Martos en X (Twitter) (página 167):

Canal de Clío Beruete en YouTube (página 167):

Página web de Clío Beruete (página 167):

Perfil de Clío Beruete en X (Twitter) (página 167):

Perfil de Clío Beruete en Facebook (página 167):

Perfil de Clío Beruete en Instagram (página 167):

Página web «Forococheselectricos.com» (página 168):

Página web «Hibridosyelectricos.com» (página 168):

Página web «Movilidadelectrica.com» (página 168):

Página web «Pasatealoelectrico.es» (página 168):

Página web Asociación Empresarial para el desarrollo e impulso de la movilidad eléctrica «AEDIVE» (página 168):

Página web Foro oficial de la Asociación de Usuarios de Vehículos Eléctricos «FOROEV» (página 168):

Página web Asociación de Usuarios de Vehículos Eléctricos «AUVE» (página 168):

Página web Asociación Valenciana del Vehículo Eléctrico de la Comunidad Valenciana «AVVE» (página 168):

Página web Asociación española para la conversión de vehículos a eléctricos «Aeconve» (página 168):

Página web Asociación catalana promotora del vehículo eléctrico «Volt-Tour» (página 168):

Página web Fundación Nacional de Movilidad Eléctrica «FUNME» (página 168):

Página web centro de formación profesional sobre reparación de vehículos eléctricos para toda España «80%Eléctrico» (página 169):

Página web cooperativa de consumidores y usuarios de cargadores de vehículos eléctricos que consume energía verde «Electric Sun Mobility, S. Coop.» (página 169):

Canal de «Vortex Bladeless Wind Power» en YouTube (página 169):

Canal de «Onyx Solar» en YouTube (página 169):

Página web «Fully Charged» (página 169):

Página web «Electrek» (página 169):

Canal de «Ben Sullins» en YouTube (página 169):

Canal de «Bjørn Nyland» en YouTube (página 169):

Canal de «Munro Live» en YouTube (página 169):

Canal de «Transport Evolved» en YouTube (página 169):

Página web «Motorpasion.com» (página 169):

Página web «Diariomotor.com» (página 169):

Página web «Autofacil.es» (página 169):

Página web «Coches.net» (página 169):